やわらかい知性

坂東眞理子
Bando Mariko

河出新書
042

はじめに

２０２０年春からの新型コロナ感染症は、現在感染者が急速に減っていますが、まだ日常生活は戻らず、私たちはともすれば閉塞感にとらわれがちになります。

しかし私はそれだからこそ、自分の穴の中に閉じこもらないで、少し外の世界を見て自分以外の人を見ることで自分にとらわれがちの心を解き放つようにすべきではないかと思います。自分のことだけ、過ぎてしまったことだけ、できなかったことだけを思っていると、それにとらわれてくよくよ考え込んでしまいます。

窓を開けましょう、外の空気を吸ってみましょう、新しい刺激によって心が少し生き返ります。自分のことにだけとらわれないと、いろいろな風景が見えてきます。「へえ、そうなんだ」「それもありなのね」と、いろんな考え方を面白がりましょう。

いろんな生き方を楽しみましょう。

多くの先人、賢人が多様な名言を残しています。それも私たちの視点を豊かにしてくれます。「井の中の蛙（かわず）大海を知らず」（『荘子』）と、自分の経験の狭さを自覚し、謙虚になれという言葉がある一方、「大海の鯨大海を知る、されど、井の中を知らず」と吉田章宏氏は付け足しています。広くいろんなことを知っているクジラはかえって小さい井戸の中のことはわからないのです。どちらも真実です。だからクジラもカエルもそれぞれの長所を尊敬すると同時に自分のとりえにも自信をもっていいのです。

いろんなことを知っているだけでは知性があるとはいえません。たくさんのことを知った上で比較し、自分なりの「美学」「哲学」「基準」をもって他人の判断を鵜呑みにしない、その上で自分なりに大事なこと、それほど重要でないこと、まあどうでもよいことを「わかる」ようになったら、どうでもよいことにくよくよしなくなるはずです。すぐ実生活に役に立つ知恵だけでなく、それを超えた知性、智慧をもちましょう。

やわらかい知性というのは、自分の経験や知識に固執したり、自分自身の価値観にこだわるのではなく、融通無碍(ゆうずうむげ)に、他の人の気持ちや価値観も含めて受け入れることができる、という心の在り方です。

私自身まだまだその境地にはいたっていませんが、そうありたいと願っています。この本には自分が考えていること、自分が願って行おうとしていることを書き記しています。

第1章の心の準備体操で、少し自分の心をほぐし、やわらかくしましょう。そして第2章は自分なりのゆるやかな美学をもって人に振り回されないようにしましょう。第3章はつかず離れず心地よい人間関係を作る知恵について、第4章は心身の健康を保つ心得、第5章は社会とつながるささやかな志の大事さについて述べています。

教養ある皆様が、少しでもおおらかに知的に生きる上で参考としてくだされば幸いです。

目次

第2章　やわらかい美学　年齢を重ねたからこそ、心身の美しさを磨く　

第3章　ゆるやかな人間関係　つかず離れず、心地よい関係を築く　101

第4章　心身の健康を保つ　生・老・病・死も淡々と受け入れる　135

第5章 社会とつながる　仕事とボランティアを続ける　171

第1章

心の準備体操

過小評価を抜け出して、本来の自分を受け入れる

目標を立てるときは、少しの背伸びを

人は誰でも他の人から自分の長所を認められたい、素敵な人だと思われたい、自分に誇りをもちたいという願望をもっています。そうした願望は虚栄心や煩悩として否定的に捉えられがちです。特に年を重ねると、「高望みしないで」「ほどほどに」生きるのが賢いと思われがちですが、実はこの背伸びの気持ちは、自分を成長させるエネルギーになる可能性があります。問題なのは、どの程度の背伸びをするかです。いきなり大きな目標をたてるのではなく、今の自分を１００％とすると、１０５％、１１０％くらいの自分を目指すのがよいでしょう。それくらいの背伸びであれば実現可能です。「やればできる」という自信にもつながります。

失敗しないように安全を見込んでもっている能力の90％を目標にしていると、どんどん能力が落ちていきます。90%の目標の90%、さらにその90%となると、衰えるばかりです。

一方で高望みをして150%を目標にすると、達成できなくて「やっぱり私には能力がない」とがっかりすることになりがちです。今のままでよい、無理することはないと思っていると、もっている力が衰えていってしまいます。その中間のちょっとがんばればできる目標の設定が大切です。

まずは、等身大の自分を知る

少し背伸びをするためには、まず100%という等身大の自分を認識しなくてはいけません。そのためには、何もしないで「自分はどんな人間だろう」と考えてばかりいないで、具体的に何かをしてみて失敗や成功を繰り返すと、できることとできないことがわかってきます。そうすることで、自分がどこまでできるのか、何ができないのかを客観的に捉えることができ、等身大の自分を知ることができるようになります。

実は日本人は、自分を過小評価する人が多いという統計があり、自分に自信のない人が多いのです。世界青年意識調査でも、アメリカや中国の青年に比べ日本の青年は自己評価が低いのです。「謙虚」でないと批判され反感をもたれる国民性も影響しています。

残念ながら、人は長所・短所、得意・不得意を含めたトータルで評価されることはまずありません。教育の場ではほとんどの場合、長所や得意なことを伸ばすより不得意なことをなくするよう教育されています。そのため、自分は長所がない、自分はとりえがない、と感じていることが多いのですが、実は多くの人がそう思っているのです。また能力がある人も、本人自身は「自分は評価されていない」と思っていることが少なくありません。

評価されていないと感じるときは

評価されていないと感じることが何度もあると、人は自信を失います。そんなとき、どうしたら自分に自信がもてるのでしょうか。私は「小さな成功体験」が自信をもつために重要だと学生に言っています。難しい国家試験にいきなり合格するのは厳しくても、自分も「やればできた」という体験を重ねる、学内の試験でも小さなプロジェクトでも、やりとげることが重要です。

また、自分の行動が他人から感謝されると自信に結びつきます。

自分がされてうれしいと思うことを周りの人にしてあげましょう。きっと相手は喜び感謝してくれます。この小さな積み重ねが、少しずつ自信につながっていくのです。

このように、自分も相手を尊重し、相手からも感謝してもらえる関係を築いていけば、自ずと過小評価から抜け出すことができ、本来の自分に気づいていけるでしょう。

人は人、自分は自分

人間はつい他人のことが気になります。直接交流する人だけでなくSNSやマスコミの情報を見て「いいなぁ、あの人は」と、誰かの人生をうらやましく思うこともあると思います。でも、「それに比べて私は……」と、落ち込んだり、ひがんだりしては、自分で自分を苦しめることになります。まずはこうした「他人と比べる」という感情に振り回されるのをやめましょう。

幸せは、これから歩んでいく道の先にある

「隣の芝生は青い」とことわざにもあるとおり、他人のものはよく見えますが、幸せの在り方なんて人それぞれ。地位や財産、家庭環境で一律に測れるものではありません。一つだけいえる確かなことは「あなたの人生は他人の幸せで左右されてはいけない、あなたの幸せはこれから歩んでいく道の先にある」ということです。「人は人、自分は自分」と割り切らないと、人の幸福によって自分が不幸になってしまいます。

幸せそうに見える人に比べ自分は欠点ばかり。私も「私ってなぜこうなんだろう」と悩んだこともありますし、今でも忘れ物をしてしまったり、大事な会合に遅刻したりと、失敗は山ほどあります。ですが、過去をくよくよ後悔していてもとりかえしがつきません。それより、「いい教訓になった！」と早く気持ちを切り替えて次に進む。そうすれば明るく、心穏やかに過ごせるものです。

徳あるは讃(ほ)むべし、徳なきは憐れむべし

もう一つ、もし誰かをうらやましく思ったら、素直に言葉にしましょう。相手に直接「よかったね」「素敵ね」「おめでとう」と伝えてしまうと、不思議と気が楽になります。逆に成功している人のことを、「気がきかない」「いばっている」「ゴマすりばかり」など「何であんなに能力のない人が」などの悪口は、あなたの品格をおとしめ

ます。何より「私って性格悪い」と自己嫌悪に陥ってしまいます。安易に悪口仲間には入らず、距離をおくこと。私の好きな『修証義（しゅしょうぎ）』という仏教の本に「徳あるは讃むべし、徳なきは憐れむべし」とあります。人として善き徳のある人、長所や美点のある人は、うらやましがるのではなく率直に褒める。自慢したり、いばったり、ズルがしこいなどの嫌な人には、あの人は人徳がないのだという憐れみの心で接していきたいものです。

女性らしい知性を磨く

知性的な女性は素敵ですね。では、知性とは何でしょうか。知識があれば知性があるというわけではありません。「知る」ことと「わかる」こととは違います。知識を活用して自分で考え、是非善悪がわかり、自ら判断できること、それが知性です。現代社会では日々さまざまな情報が目に耳に入ってきます。それを単純に信じ鵜呑みにして振り回されてはいけません。自分の経験や書物から得た知識を基礎としていろんな状況を理解し、判断できる人。これが知性的な人だと思います。

優先順位を自分で考え、判断するトレーニングを

知性を養うための具体的な方法の一つは、やるべきことを優先順位をつけて実行することです。どれもこれも大事、みんなできればいいのだけれど時間やお金が限られています。その中で自分にとって一番大事なのは何か、不要不急で後回しにしてもよいのは何かを考えて順番をつける。優先順位を考えることは、自分で判断できるようになるための良いトレーニングになります。他人の判断に従っていれば安心ですし、責任もありません。でも、夫が、親が、上司が、友達が言ったから……と、それを判断基準にしていては、いつまで経っても自分で考える知性は身につきません。もし、他人との意見に違和感があっても、一人の人の意見だけでなく、他の人はどうなっているだろう、今まで似た経験はなかったか、別の見方を参考にしつつ、自分でも考えることが大切です。それでも心が揺れてしまうときは、「人は人、自分は自分」という魔法の言葉を心で唱えましょう。自分が本当に大事と思うことは何かがわかってきます。そうするとだんだん周囲の考えに惑わされなくなります。自分で判断できるという知性が身についていきます。

長い目でプラスの選択をできるのが女性らしい知性

知性を磨くためのもう一つのポイントは、長期的な視点で考えること。人生にはすぐに結果が出ないことのほうが多いものです。「今は大変だけど、あとで役に立つ」「これもいい経験だ」と考えてみる。そのときはいやだ、つらい、逃げだしたいと思っていたことが、あとになると、とても役に立つよい経験だった、と思うこともあります。子供の成長も同じ。つい目の前の出来事に一喜一憂しがちですけれど、10年先、20年先を考えて子育てをする。こうした、長期的な視点からの行動は、知性的だといえます。「これ嫌い」「あの人素敵ね」と単純に判断するのはあまり知的ではありません。

また、男性には競争やランクづけを好む傾向がありますが、女性は男性と同じ価値観にとらわれて「自分も負けないぞ」とがんばるのではなく、別のやり方を考える、「一緒に協力していきましょう」と声をかけて人間関係を結ぶこともできます。議論でやりこめたり、誰かを排除したり、相手に恥をかかせることなく、どちらの立場も守りながら折り合いをつけていく。これも長期的に見るとプラスになる賢い生き方です。

こうした女性らしい知性を社会で発揮するには、自分の考え方に自信をもたなければなりません。自分が今いるところで「これならできる」ということを実行し、小さな成功体験を得ることが大切です。その実績がじわじわと周囲に影響を与えていき、意見が尊重されるようになれば、あなたも自信がもてます。女性が知性を磨き、小さな成功体験を積んでいくと、きっと職場も世の中もより良く変わっていくと思います。

自立した大人の女性になるためのポイント

職場でも家庭でも趣味の団体でもＰＴＡでも、親しいグループに属し、その中で居場所を得るのは「所属欲求」を満たし、人の心を安定させてくれます。でも、「群れる」ことはおすすめできません。「群れる」とは、自分の意見や好みを抑えて集団の動きに合わせて行動し、集団の価値観に同調してしまうことです。それでは独り立ちしている大人とはいえません。独り立ちしている人というのは、あるときはグループと一緒に行動しても一人でも行動できる、周囲と別の世界、別の価値観をちゃんともっていて、比べて選択できる人、自分で自分の行動や人との関わりをコントロールできる人のことです。

「群れる」のではなく、「一人で過ごす」習慣を

「群れる」女性は、「みんなと行動をともにしていないとそのグループの中での自分の居場所がなくなってしまう」と思い込んでいるのでしょう。これは、子供のころから学校で「みんなと仲良くしましょう」「みんな一緒に行動しましょう」と教育されてきたためかもしれません。もちろん喧嘩するより仲良くしたほうがよいですが、いつもみんなと同じでなくてもいい、みんなと少し違っていていいのです。「人と同じ」で「群れる」ばかりでは、他人に振り回される人生になってしまいます。大切なのはいつも同じ行動をとることでなく、自分の価値観だけでなく他人の価値観も尊重できる、人として魅力的な女性になることです。

私は基本的に、買い物でも旅行でも、一人で出かけます。実はこの「基本的には一人で過ごす」ことを習慣にしていると、無理に人に合わせることもなくなり、とても自由です。たまに、「感想を言う相手がいたらいいな」「一人でこんな美しい風景を見ているのはもったいないな」「おいしいものは誰かと一緒に食べたいな」といった気持ちになったら、誰かに声をかければいいのです。

相手からのお誘いを待つのではなく、自分から誘いましょう。声がかかるのをひたすら待ち、声がかかったら自分の都合を差し置いても相手に合わせるというのは不自由な立場ですし、相手を上にして自分を下にするといった力関係に陥りやすいものです。その代わり自分が声をかけて断られる場合があっても、私は好かれていないのではないかと落ちこむのではなく、相手の都合が悪かったのだと思うようにします。

また、メールでもラインでもすぐに返事をしなければならないとなると、集中できません。メールなら1日に1～2回のチェックをする時間を決める。まめにチェックしてすぐにレスポンスするという態勢を取っていると、自分の時間がこま切れになってしまいます。自分が大切にしていること、やるべきことを優先する。付き合えないお誘いに対しては、丁寧にノーとはっきり表明しましょう。

物事を取捨選択し、自分の時間をコントロールする

そのためには、自分にとって大切なことは何か、やったほうがいいけれどそれほどでもないことは何か、なくても困らないのは何かを考え、取捨選択していくことが大切です。みんながもっているから自分もほしい、他の人がしているから自分もしなくてはと思うのではなく、本当に自分が大事にしたいこと、ほしいものは何かを考える。それが明確になると、自分に大事でないことがうまくいかなくてもカリカリすることはなくなります。

あれもこれもみんな手に入れることはできません。すべての人に愛されることは不可能です。思いどおりにいかなくても、自分の時間や行動を自分でコントロールできるようになることが、自立した大人の女性の第一歩です。

前向きに、明るく生きる秘訣

前向きに生きるのがよいことはわかっていても、人は将来について考えるとき「若さを失い、体力が衰え、頭が働かなくなる」「収入が減る」などと、ついネガティブに考えてしまいがちです。こうした思考になってしまうのは、気分に身を任せているから。「つい」というのは「気分」なのです。

気分に流されず、意志の力でポジティブに

フランスのアランという哲学者が『幸福論』の中で「人間は、気分に任せていたらペシミズム（悲観主義）になる。自分の意志の力でポジティブに考えなければならない」と言っていますが、まさにそのとおり。悲観的な考えが浮かんだら、意志の力で

「そうとは限らない」と自分を説得し、物事を明るく考える意識的な努力をしなくてはいけません。「自分だけが損している」と思いそうになったら危険信号なので気分を変えましょう。

その際、役立つのが、自分が昔よりも進歩している部分を見つけること。「昔はわからなかった人の気持ちがわかるようになってきた」とか、「昔は子育てや仕事で忙しくて時間にゆとりがなかったが、今はずいぶんゆとりができている」というふうに、「つい」忘れがちな自分が成長して良くなっていることを、自分に言い聞かせるのです。気分に流されて未来を悲観すると、あきらめて努力もしなくなってしまいます。そうではなく、意志の力で、前向きな自分へと変えていくことが大切です。

大変な状況も、ユーモアで明るく表現してみる

明るく生きる秘訣の一つがユーモアです。ユーモアは、自分を客観的に見て面白がる習慣ともいえます。自分のことばかり考えているとユーモアは生まれません。苦しいときこそ、じたばたしている自分を別の視点から眺めて、面白がってみるのです。

本当は大変な状況だったとしても、それをあえてジョークにする。「これだけ悩んでいても体重は減らないのよね」とか、周りの人を悪く言うのではなく、自分のことを笑いのタネにして自分を楽しませましょう。

自分だけで面白いジョークを考えるのは難しいので、サラリーマン川柳や芸人さんのネタなどを覚えておきましょう。ちょっと面白いなと思ったら手帳にメモしておく。そして、まずは人真似でいいので、言ってみるのです。下手な創作よりも上手な真似。笑ってもらえなければ、自分で「下手な冗談ね」と言って、それ自体を冗談にすればいいのです。自分の言動は、テニスの壁打ちのように自分に返ってきます。明るい言葉を発していると、人から好かれるだけでなく、結果的に自分も励まされるのです。

友人から言われた「Every dark cloud has a silver lining.（どんな暗い雲にも銀のふちどりがついている＝雲の輪郭部分は太陽の光で輝いている）」という言葉も素敵です。真正面から見ると大変なことでも、いいところもある。どこに目を向けるかで見えるものが変わるのです。

「こんなに努力しているのに認められない」「私ってどうせ運が悪いのよ」とネガテ

ィブ思考の穴の中に入り込むのではなく、「こんなに大変だけど私はがんばっている」と自分を客観的に見て、ユーモアで明るく表現していきましょう。

豊かな人生を送るヒント

私は「人を愛する人間になりたい」と願っています。

通常、人は自分が愛されたいと思うものです。でも、それが叶うかどうかは、相手次第。なかなか思うようには愛してもらえません。ですから、他人から愛されることを期待していると不満に思うことが多くなってしまいます。「愛されるかどうかは運。もしも愛されたらラッキー」。そんなふうに割り切りましょう。「求める愛」ではなく「与える愛」です。

愛されたいというのは、「愛をください、恵んでください」という立場であり、自分が相手よりも一段下のポジションにいる状態です。そうではなく、「この人を応援してあげよう」「この人を助けてあげよう」と自分が相手に何をしてあげられるか考える、アンテナを磨いておくことが必要ですね。

人を愛する人間になるには、他人の長所や魅力がわかる感受性が大事です。

見返りを求めず、相手のファンになる

愛するというのは、人の長所を感じること、わかることです。努力して家族や友人や職場の人の長所を見つけるようにしてください。そして独りじめにしようとしたり、お返しを求めないこと。そのためには、相手の恋人や友人でなくファンになることがおすすめです。ファンであれば「あなたのファンよ、がんばってね」で事がすみ、お返しを求めないでいられます。

正直、私も若いときはそんな心境にはなれなかったのですが、年をとると「あの人がんばっている」「この人はこんないいところがある」とファンの気持ちになれるようになりました。今、私はいろんな人のファンです。人を愛し尊敬しながらも見返りを求めないと喜びが増えます。人生が豊かになり、その豊かさを周りに与えることができるようになります。

努力とチャレンジで、プラスの人生を

無理に人を愛そうと努力する必要はない、別に人と関わりたくない、迷惑さえかけなければいい、と思う人もいるでしょう。「自分は大したことはできないが、人に迷惑をかけない」ことを目指すという人もいます。しかし、迷惑をかけない、社会のルールを守るという人生は、マイナスではないけれどプラスでもない、ゼロなのです。相手に、社会に、何か良いことをする。それがプラスの人生です。マイナスのことさえしなければいいという考えでは心が狭くなり、行動が消極的になり、守りの人生になります。そして、そういう人ほど、人から迷惑をかけられることが許せないのです。

でも、生きている以上、人から迷惑をかけられることもあれば、自分が意図せず迷惑をかけてしまうこともある。多少迷惑をかけたりかけられたりすることを許し合い、寛容であることが人生を豊かにすると思います。他人に厳しく不寛容で何も悪いことをしないで、キチンと生きていることより、何か少しでも良いことをするよう努めたいものです。

迷惑をかけることや弱さ、失敗を許さないという考え方では、失敗しないために無

理をしない、チャレンジをしない、でも私は何も悪いことをしませんでした、という人生になってしまいます。せっかく生きているのに、それではもったいないと思います。

相手を愛しても愛されるとは限らないように、努力をしても報われるとは限りません。それでも、努力やチャレンジをするかどうかが、報われなくともあえて努力することがその人の器や人生の質を決めると思います。一生懸命生きたぞ、私のやれる範囲でベストを尽くしたぞと言える人生には、お金や地位や権力を得るのとは異なる豊かさがあるのです。

決断し、行動し、あるべき自分を目指す

子育てや仕事に追われた繁忙期を過ぎ、人生が一段落したとき、「自分は必要とされなくなった」「これから何をしていけばよいのだろう？」という不安や迷いから、自分自身を見つめ直した経験はありませんか？　そんなとき、「私って何？」と自分だけに関心を集中して内向きに考えるよりも、「私は○○のために何ができるだろう？」「今までできなかったけど今からできることはないか」と外に意識を向けましょう。

人任せにしない習慣を身につける

私は人生が一段落した女性に必要なのは、行動力と決断力だと思っています。どち

らも人から与えられるものではないので、自分が意識して身につけなければなりません。そのためには何をするか、しないか、自分の基準を大まかに決めておくのがおすすめです。

例えば、同窓会やパーティなどの招待状がきたら行くと決めておく。もちろん事情があって行けないこともあるのですが、「誰かに誘われたら行こう」と先送りにしたり、人任せにしたりしていると、いつまでも決められません。もちろん、無理をする必要はありませんが、新しい場に出ると思いがけない新しい出会いがあります。自分で決断して行動すれば「こうしよう」を一つ実現したことになります。逆にある期間は孫の送り迎えを優先させると決めておく。

もちろんいろんな分野にすべて行動と決断の基準を決めておく必要はありません。絶対重要な、自分という人間の根っこの部分。（人を裏切らない、家族を支える……などの）その次に重要な幹の部分は方針をきちんと貫かなければなりませんが、どうでもよいこと、それほど重要でないことには弾力的に対応する、妥協してもよい、相手に合わせる、と割り切りましょう。

意識して上機嫌でいるように心がける

年齢を重ねたら、毎日をできるだけ機嫌よく過ごすことも大切です。年とともに人はとかく、昔と今の自分を比べて「できていたことができなくなった」「鏡を見ると気持ちが沈んでしまう」などと失ったことと衰えた部分にばかりに目がいって、どんどん不機嫌になってしまいます。年齢に関係なく、笑顔が素敵な女性は魅力的です。前にも紹介したフランスの哲学者アランは「悲しいから涙が出るのではなく、涙が出るから悲しいのだ」と言っています。形から入ることも大事だということです。常日ごろから上機嫌でいれば、周りも気持ちがよいですし、自分の気持ちも晴れてきます。

笑顔でいるよう心がけ、積極的に人の良いところを見つけて褒めましょう。身近な人が成功したら、「ふーん」と無視するのでなく「おめでとう」と言いましょう。些細なことでも、自分の行動一つで人を喜ばせることができることを楽しんでください。どうか、「この年齢だし、これまでやれることは十分やってきたのだからもう何もしなくていいや」と、自分で自分を見放さないでください。

マイナスの感情に流されず、笑顔と美しい言葉を意識して上機嫌でいることが、美しく輝く「あるべき私になる」秘訣だと思います。不機嫌で、意地悪で、いやらしい人間になりたい人はいないはずです。自分の気分に流されていると、ついそんなふうになってしまいます。

人生の中で今日が一番若い日

「あの人はまだ若いから、これから何でもできる」。これは昔、70代だった母がふとつぶやいた言葉です。当時私は40代。母の視線の先にいたのは60代の女性。私から見れば、決して若くない世代の女性だっただけに、ちょっと驚いて――そして気づかされたこと。それは「上の世代から見たら、下の世代はいつだって若い」。それなら、もし未来の自分から見たら、今の自分はずっと若く、可能性にあふれている、ということでした。

40代で「もう私は若くない」と思っていた私にとって新しい気づきでした。実際、今になってみると40代の私は「自分はもう若くない」と思っていましたが、実はとても若く、未熟でしたが、その後いろんなことができました。

何もしないでいてはもったいない

言い換えれば、今何歳であるかは大した問題ではありません。「今さら」「年だから」と、夢も目標ももたずに無理せずがんばらず健康第一に生きるのも人生、今できること・新しいことに挑戦するのも人生。等しく時間が過ぎていくとしたら、何もしないでいてはもったいない。大人世代だからこそ、若いころにできなかったことや、好きなこと、興味のあることに、どんどんチャレンジできるのです。特に人生が長くなっているので時間はたっぷりあります。

明日からの自分のために「今」できることを始める

実は私も、70歳を過ぎてから新たなチャレンジを始めました。90代の歌人、馬場あき子先生に師事して本格的に短歌を学ぶことにしたのです。昔から個人的に好きで詠んではいたものの、継続的には作っておらず、気がむいたときに思い出したように作るだけでした。ひと月に10首ずつを提出しなければいけなくて、少々大変ではありますが、とても充実感があります。

新しい場に身をおくことで刺激を得られ、新しい見方ができるようになりました。「親友」が減っていく世代ですから「新友」ができるのは本当にありがたいことです。そうした恩恵を得られたのも、思い切ってまず一歩を踏み出してみたからこそと思っています。

明日からの毎日をより楽しく、張り合いのあるものにできるのは、あなた自身です。現状維持ではなく、今の自分を変える、変わる勇気をもつ。自分の可能性を信じて、ワクワクできる夢や目標をもつ。あなた自身の望む方向に、今日から歩み始めましょう。

レベルの高い人の中に身をおく

人生が長くなってくると、新たに勉強できる時間が長くなります。それなのに「この年で失敗するのは恥ずかしい」「今さらこんなこともできないのかと馬鹿にされるのではないか」とためらっていると何もできない「終わった人」になります。初めからうまくできる人はいません。

『徒然草』で吉田兼好は「内内よく習いえて、差し出たらんこそ、いと心にくからめ、というひと、一芸も習いえることなし」と言っています。「こっそり内緒でよくよく練習してうまくなってから人前で演じたら奥ゆかしいしかっこいいだろう、と言っている人はどんな芸も上達しない」という意味です。それよりどんなに下手で、恥をかき、周りの人に対してばつの悪い思いをしても、レベルの高い人に交じって熱心に稽古し、コツコツ練習していると、そのうちに上手になるというのが兼好の説です。彼は習い事をマスターするには、二つポイントがあり、一つは自分よりうまい人の間に入って練習することだと言っています。自分より下手な人と一緒に練習していると、これでいいのだと満足して上達しなくなります。そして二つ目は実際にやって恥をかくこと。多くの大人は1回失敗すると自分には才能がないのだとあきらめてしまいます。しかし、恥をかいて嫌な思いをするとそれが刺激になり、もっと上手にならなければと練習し、繰り返しているうちに上達します。

亡くなった登山家の田部井淳子さんは60代後半でシャンソンを習い始めました。私もお声をかけていただいたのに、歌はダメと断ってしまって残念なことをしました。田部井さんたちは仲間と練習をするうちに、リサイタルをしようということになり、お客は「食事で釣ろう」とばかりディナーショーを実行しました。第1回目はそれほどうまくはありませんでしたが情感がこもり、歌うみんなが楽しんでいて、たくさんの友達の出会いの場になりました。毎年このディナーショーは続き、歌もどんどん上手になっていきました。人前で歌うのだからという緊張感が、練習の張り合いにもなったに違いありません。

みっともなさに耐える勇気をもつ

初めから恥ずかしくないレベルに達する人はまずいません。歌やピアノ、ギター、ゴルフなどのスポーツも初めは下手で、周りの人に馬鹿にされても耐えなければ上達しません。大人になって何か新しいことをしようと思ったら、この初めのみっともなさに耐える勇気が必要です。「今さらこの年でこんなに下手では恥ずかしい」と言っていては何も新しく始めることができません。

若いころに好きだった、でもプロになるのは才能がないとあきらめた、そういう「好きなこと」があれば50歳を過ぎたらぜひもう一度始めてみましょう。初めから上手にできる人はいないという姿勢は、仕事で否応なくやらねばならない新しいスキルに立ち向かうときにも応用できます。

スピードは遅くても進歩していく

先の兼好の言葉は仕事のスキルを身につける上でも当てはまります。私はＰＣも50歳で始めました。なかなか上達しない、あきらめたと投げ出したいところでしたが、必要に迫られたのでやらざるを得ません。親切な個人教授の方に教えてもらいました。

別の世界に足を踏み入れると必ず初めはこんなこともできないの、こんなことも知らないのだ、と恥ずかしい思いをすることがたくさんあります。それでもしっかり研修を受け実力を備えてから、などと言っていないで、まずは始めなければなりません。馬鹿にされてもあきらめない。あきらめてしまわなければ少しずつ、スピードは遅くても進歩していく。それが人生１００年時代の心がけです。

２０２０年、コロナのまん延で、昭和女子大学でもすべての教員がオンライン授業をせざるを得ませんでした。今までオンライン授業の経験のない50代、60代の教員も否応なく取り組みました。「今さら新しいことはできない」と教員をやめていった60代の方もいましたが、多くは初めはつたなくとも、がんばってこなすようになりました。「為せば成る」です。

意識して笑顔で、上機嫌で

大学生は3年の終わりごろから就職活動を始めます。どの企業からも求められる能力の一つはコミュニケーション能力です。どの企業も基本的に仕事はチームで行います。チームリーダーの意図を理解しそれに対応できるか、仲間と協力できるかは、社会人の基本中の基本の能力です。短い面接の時間の中でも相手の目を見てはっきり自分の考えを述べることができるか、意地悪な質問にもたじろがず受け答えができるかが重視されます。私たちの大学でも学生たちがコミュニケーション能力をつけるために、普段からクラスでプレゼンテーションをする機会を作り、司会やコーディネーターの役割を経験するようにしています。

もちろんこうした訓練は本来大学に入学する前に、中学、高校で、あるいは小学校の時期から行うべきです。しかしそうした経験をしていない学生もたくさんいます。就職のためだけ仕事のためだけではなく、幸せな人生を送るための基礎能力としてコミュニケーション能力は不可欠です。人と理解しあうことができる、人と共感することができるのはすばらしいことです。生きる上でコミュニケーション能力はとても大切ですが、それをどう身につけるか、日本の学校ではほとんど教えてもらわなかったように思います。成績が良く、試験に合格するための知識やスキルは身につけていても、人とコミュニケーションがうまくできない学生は山ほどいます。コミュニケーション能力は学校で教えてもらうスキルではなく、家族や友人との触れ合いの中で自然に身につくものだと思っている人も多いですが、コミュニケーション能力も、多くの能力がそうであるように、自然にわかる、自然に身につくには時間がかかりすぎます。教わって学び、訓練して効果的に身につけるスキルの一種です。

不機嫌に黙っているのは失礼

ちょっと話は飛躍しますが、今日本で若年層の非婚化が少子化をもたらす大きな要因となっています。非婚の最大の理由は若者に経済力がないから、妻子を養うまともな仕事に就けないからといわれています。しかしそれだけでなくコミュニケーション能力の不足ももう一つの大きな理由だと思います。一緒にいて楽しい雰囲気を作り、温かい人間関係を作るためにはどう言葉で表現したらよいか、人と理解しあうためにはどんな配慮が必要かといったことをほとんど考えない、気にしない若者も多くいます。

不機嫌にぶすっと黙っているのは相手に対して失礼なのだ、あいさつは自分から先にすべきであいさつされるまで待っていてはいけない、できるだけ笑顔を絶やすな、人の話を聞くときはうなずき、相槌を打ち、といったコミュニケーションの基本スキルを知らないで育っている若者が多く、親や教師も教えないし昔のように親類や近所の人などが注意してくれることもほとんどなくなっています。

その結果、社会性の乏しい、ろくろく他の人とコミュニケーションをとれない、恋愛も結婚もできない若者、特に男性が増えているのではないでしょうか。若者だけでなく、大人でも家庭や職場で妻や部下に不機嫌に黙りこくっている人が少なくありません。それが離婚の増大にもつながっています。

幸せな人生に不可欠なスキル

こうした現象を見ると、大人も子供も若者も、「自分から大きな声であいさつをしよう」「人の話はうなずいて聞こう」「いいねとか面白いねとか、ポジティブな相槌を打とう」そして「できるだけ笑顔で上機嫌でいるようにしよう」とコミュニケーションの基礎スキルを伝えることが知識教育以前に必要だと思います。

前にも言いましたがアランの『幸福論』にもあるとおり、人間、気分に任せていては悲観的に、不機嫌になってしまいます。意識して努力して、楽観的に機嫌よく振舞うようにする。それが人との関係を滑らかにし、人生を幸せに生きていく上で不可欠なスキルです。

第2章

やわらかい美学

年齢を重ねたからこそ、心身の美しさを磨く

自分らしく装うということ

身なりは、言葉や仕草などと同じように、印象を左右するものです。「内面を磨けば、それが自ずと外側ににじみ出る」などといわれますが、社会で長く仕事をしてきて感じるのは、「多くの場合、人は包み紙（外見）で評価されてしまう」ということ。残念ながら初対面で、外見に惑わされず磨かれた心や教養を見抜けるような目利きは、世の中にほとんどいません。

私も、個性的な服装をした方に初めてお会いした際、気持ちが引いてしまったことがあります。でも、話をしてみるときちんとした判断をしてくださる方でしたが、最初はわかりません。このように、私たちは初対面で人のことを誤解し、また誤解されながら生きているのです。だからこそ、誤解されない装い、自分の良いところを引き出す装いを心がけなくてはいけません。

無難な装いに逃げると、豊かな人生から遠ざかる

年齢を重ねると、外見に自信を失い「もうお母さんだから」「管理職だから」「もう50歳だから」とあきらめて一般的な概念に自分を合わせてしまい、自分のセンスを表現しなくなる方がいます。そういう方には、「自分をちょっと素敵に見せるにはどうしたらいいか工夫しましょう」とお伝えしたいですね。無難に逃げると、人生の豊かさや輝いて生きることから遠ざかってしまいます。

まずはプライベートな場で冒険をしてみましょう。時には専門家のアドバイスを得て、自分では選ばない服装にチャレンジしてみるのもよいかもしれません。

自分に似合うものを選び、自分を大切に生きる

一方で自分らしい装いを追求するあまり、個性が強く出すぎると、品格が失われてしまいます。会話で笑いを取ろうとしすぎたり、アピールが強すぎるとかえって反発を招くのと同じです。失敗が少ないのは、黒、紺、グレー、ベージュといった基本色の中から自分に似合うベーシックカラーを見つけて、そのベーシックカラーの洋服にスカーフやアクセサリーなどでアクセントをつけること。スタンダードだけれどキラッと光るものがある、という装いです。

洋服を選ぶときに、もう一つ強調したいのが、値段に振り回されないこと。バーゲンセールで10万円のものが3万円になっていたら、7万円のお得と思って買ったりしていませんか。でも、本当に自分に似合うものでなければ、その洋服を着る機会はあまりないはずです。似合わない服は、高かろうがブランドものだろうが意味がないのです。自分に似合うもの、しっくりフィットするもの。これが「自分らしい装い」のベースです。

似合う服装をしていると、自分に自信をもつことができます。反対に、「どうせ私はスタイルが悪いし」「私はセンスに自信がない」と言っておしゃれをあきらめるのは、自分を大事にしないことにつながると思います。いくつになっても似合うものを選び、気分が上がる装いを楽しんで、輝く人生を送りたいものですね。

お店では丁寧に振る舞う

「お客様は神様です」という言葉から、客はお金を払うのだから何を言っても何を要求してもよいのだと誤解している日本人も増えています。確かにお客の要求に十二分に応えて満足させるのが売り手のプロだという考え方もあります。共産主義時代のソ連や市場開放以前の中国ではサービス精神がまったく欠如し、資本主義との競争に負けました。生産者や販売者は作れる品、作りたい品を提供するのでなく、お金を払う人、すなわち消費者のほうを向いて仕事をするのがビジネスの鉄則です。

消費者からのクレームは実はビジネスの上で改善につながる貴重な情報だと認識している企業も増えています。昭和女子大はこうした消費者からの情報をいかに企業経営に活かしていくか、社会人大学院に「消費者志向経営コース」を設けました。

しかし同時に、客も店に好まれる客として振る舞うように努力しなければなりません。そうすることで店から大事にされるし、人間としての品格も上がります。

人間としての品格をなくした人たち

私はかねがね日本人が品格をなくしたのは、お金さえ払えばどんなサービスを要求してもいいという考え方が広がったのが一因ではないかと思っています。いくらお金を払う立場でも、客にもして良いことと悪いことがあるとわきまえましょう。それをわきまえず、消費者の権利を主張するのがクレイマーです。

例えば、レストランに行くなら予約を入れ、その時間や人数を守る。変更するときは早めに連絡する。ネクタイ、上着着用とか、リゾート地のレストランなどでも、水着はダメとかいうようなドレスコードがあったら、きちんと守る。

それは店の格を保つために必要なルールですし、他の客の気分を壊さないためにも必要なマナーです。タバコは決められた場所で吸うといったルールを守り、その上で美味しかった、ありがとうとお礼を言う（美味しくなかったら塩がきつすぎた、冷めていた、などと具体的に伝えましょう）。周りの人の雰囲気を壊さないように、あまり大声で話をしないのも重要なマナーです。一番感謝されるのは、知人や友人など新しいお客となる人を連れて行くことです。

デパートや専門店で買い物をするときもお店の人が何かお探しですか、と寄ってきたら、「ただ見ているだけです」と言うか「これこれのものはありますか」とたずねてみましょう。試着してみてもいいですが（あまり数多くを試着しないで3枚以内にとどめます）、気に入らなかったら買う必要はありません。はっきり断るのを遠慮する必要はありませんが、友達同士で来て「ここはダメね」とか「何々のほうがいいわよ」と、お店の悪口を言うのはやめましょう。気に入らなければ行かなければいいのです。

陳列品をひっくり返すのはやめよう

バーゲンなどで山積みになっている商品の中から、いいものはないかと掘り出し物をあさるのもあまり優雅ではありません。特定の探しものがあるときはやむを得ませんが、きちんとたたんで陳列してある品を手当たり次第にひっくり返すのはやめましょう。自分のものではない、これから売ろうという商品は、丁寧に扱うべきです。また、苦情を言うときは責任者に言います。権限のない人に文句を言っても始まりません。権限も責任もない人はそのお店での立場が弱く対応する力がありません。そういう人に文句を言うのは弱い者いじめです。

客の品格も店の品格も、お互いに配慮しあうことによって高まり、そうすることで、街の品格も社会の品格も上がります。

「どうせ」「今さら」という言い訳はしない

何か目的をもって努力している人の姿はとても魅力的ですし、見ていて「私もがんばろう」と元気をもらえます。いくつになっても夢中になる対象をもつことは、若々しさを保つ秘訣でもあるように思います。これまでは忙しかったけれど、やっと自分の時間がもてるようになったという方は、自分のために新しいことを始めるよう提案します。

マイナス思考は、他人からの評価も厳しくなる

とはいえ、何かを始めようと思っても、なかなかその一歩が踏み出せないという方は少なくありません。年齢を重ねると、「どうせ私なんかには無理」とか「今さら始めても、もうこの年だからモノにならないからやめておく……」と、ネガティブな思考に陥りがちです。こういったマイナス思考は、自分に向けられることが多いのですが、ときに他人に対して刃を向けることがあります。「あの人、いい年して何やっているのかしら」と意地悪な見方をしてしまう。私は、自分のことを大切にできない人は、他人も大切にできないと思っています。「どうせ」も「今さら」も、怠けたい自分をごまかす都合のいい言い訳であり、自分をあきらめてしまっている言葉です。そんな言葉にはサヨナラを告げて、自分の可能性を信じましょう。

若いころに憧れていたことを思い出す

近い将来、日本は人生１００年時代を迎えます。これからまだまだ続く人生、「もういいや」なんて投げ出すわけにはいきません。楽しみや、やりがいを見つけて、毎日を充実させましょう。

「何をすればいいのかわからない」という方は、子供のころにやりたかったことや若いころに憧れていたことを思い出して、挑戦しましょう。自分の背中を押すために習い事の道具や衣装など、素敵だと思うものを初めにしっかり揃えて形から入るという方法もあります。使わなければもったいないですから、やらないわけにはいかないように自分にプレッシャーをかけるのも、効果的です。目標もあまり高いところに置かないで、ひとまず1年とか3年とか続けてみようというくらいでいいと思います。自分に向いているのは何か、成果が上げられるものは何かと考えてばかりでは、何も始められません。まずはやってみることが大事なのです。

何かに一生懸命取り組んでいる姿は、周囲には輝いて見えるものです。自分を見捨てず、あきらめず、気負わずに、歩幅は小さくても構いませんから、まずは最初の一歩を踏み出してみてください。

心の余裕が、雰囲気美人の第一歩

私が思う「雰囲気美人」は、どんな場合でも肩に力をいれず自然体で、立ち居振る舞いにゆとりのある方。こういった方は、周囲にも安心感を与えます。

焦らず、急がず、丁寧に過ごす

私が大いに反省しているのは、若いころ仕事に育児にと毎日が忙しく、何でも短い時間でこなそうとしてきたことで、優雅とはほど遠い立ち居振る舞いでした。会話にしても、相手の状況を考えずに自分が伝えたいことを少しでも早く言おうとしたり、考えがまとまらず返答に窮している相手に「こういうことですか?」と先回りして聞いてしまったり。これではとても良い立ち居振る舞いとはいえません。例えば、上皇后美智子さまを始めとする皇室の方々は、とてもゆっくりとお話しをされます。焦らず、急がず、その時間を丁寧に大切に過ごされているからこそ生まれるのだろうと感じます。

忙しいという字は心を亡くすと書きます。時間に余裕がなければ心の余裕も生まれません。心の余裕が周囲への配慮につながり、それがその人に素敵な雰囲気を纏わせるのです。日々忙しく過ごしている人は、何か言う前、する前に、まずはひと呼吸置きましょう。

素敵だと思った人の所作を真似てみる

雰囲気美人になるにはどうしたらいいでしょう。私がおすすめしたいのは、自分の日常と異なる世界に触れる機会をもつことです。例えば、お茶会や日本舞踊といった日本の伝統文化に触れる場所へ出かけてみる。姿勢や言葉遣いも参考になりますし、はたから見て優雅に見える所作とはどんなものかを知ることができます。手近な方法は、外で出会って素敵だと思った人の所作を真似ること。何度かやってみることで、そのうちに自然と身につきます。

「人目を気にせず誰にもわずらわされず、のんびり過ごすわ」というライフスタイルが好きな人もいます。それもよいのですが少しもったいない。人生の後半は、子育てや仕事、やらなければいけなかったことから解放される人生の黄金期。やっと手に入れた自由な時間は、有効活用するべきです。外には自分のこれまでの経験や知識が活かせるような世界もあります。人の役に立てる活動などに参加すれば価値観はさらに広がって、人間的な魅力も増すことでしょう。

その人の雰囲気は、その人のもつ気持ちが醸すもの。さまざまな世界に触れて、人生の黄金期を大いに楽しみながら素敵な雰囲気美人になってください。

笑顔と言葉の贈り物を、誰かに

年齢を重ねると、どうしても増えていくシワ。でも私はシワのすべてが悪いのではなく、「笑いジワ」は魅力的だと思います。逆に気をつけたいのが、口元の下向きのシワです。いつの間にか「への字口」が癖になってはいませんか？

いつも口角を上げて上機嫌そうに！

いつも口角を上げて（多少無理してでも！）微笑みを絶やさずにいられるよう心がけましょう。それだけで自然に自分自身の気持ちが穏やかになり、不思議と機嫌よく過ごせます。笑顔は周囲にも伝染し、周りの人にも自然に広がっていきます。

「ありのまま」「自分らしく」が流行りの昨今ですが、「不機嫌な自分を、他の人にもありのまま見せてしまっていい」というのは不遜な考えで、私は賛同できません。それは自分を過度に甘やかし、長い目で見れば自分を退化させるからです。

ありのままの自分に甘んじるより、少しでも良く見せよう、良くなろうと努力を怠らないのが大人のたしなみというもの。どんな場面でもできるだけにこやかに、上機嫌そうに振る舞いましょう。

幸せの鍵は「和顔愛語」

私の好きな言葉は「和顔愛語」。私は『修証義（しゅしょうぎ）』という仏教の本から学びました。「穏やかに微笑み、相手を思いやる優しい言葉をかけなさい。それだけで周囲の人を幸福にできます」という意味です。

優しい言葉＝「愛語」とは、お世辞やへつらいではありません。その人の良いところ、がんばっていることを見つけて積極的に褒める言葉、あるいはその人への感謝の言葉や苦しさや悲しみに共感する言葉です。特に、本人も気づかなかったような努力を「認めていますよ」と伝える言葉は、強く人の心を動かします。そんなときに相手がちらりとでも笑顔を見せてくれれば、本当にうれしいものです。

もちろん、ときには私の善意が「伝わっているのかしら？」と疑うようなこともあるでしょう。それでも、伝わっていると信じて続けること。続けると、相手に伝わります。優しい言葉はいつの間にか、自分にも必ず跳ね返ってきます。微笑みと同様、愛語には周りを変える力があるのです。

気持ちさえあれば今すぐできて、お金もかからない。自分だけでなく、周りの人と幸福を分かち合える魔法。優しい微笑みと、あたたかい言葉の贈り物を周りの誰かに届けましょう。

ユーモアのすすめ

歩きスマホをしている人、マナー違反の人、コロナ下でマスクをしていない人、近しい人の心無いひと言……。そのたびに気持ちがイライラし怒りの感情から抜け出せず、いつの間にかストレスをため込んではいませんか?

怒りを感じたときは「離見の見」で乗り切る

こんなときおすすめしたいのが、世阿弥の言葉「離見の見」にならって「腹を立てている自分から、一旦意識を引き離してみる」ことです。「あ、私怒っているぞ」と他人の目で自分を見る。こうした意識づけを習慣にすると、腹を立てている自分が何だか可愛く思え、不思議と心安らかになれます。これは「ユーモア」に通じます。ユーモアは、自分を客観視することから始まるのです。

私自身も以前、電車で優先席を占領する若い恋人たちに腹を立てそうになったとき、怒っている自分を客観的に見て、逆に「人間観察の良い機会に恵まれた」と思うようにしました。第1章の「前向きに、明るく生きる秘訣」でも触れたように、ユーモアは自分の見方を変えてくれます。

怒りや苦痛を笑いに変えてみる

このように、日常の小さな不平不満も、見方を変えれば思わぬ笑いや楽しみに変えることができます。「クスリ」と人を笑わせるのは心を明るくする薬です。「ユーモア」は、面白いことを言える才能というよりまず、面白いことを見つける能力です。

ユーモアのタネを意識して見つける毎日を過ごしていると、いつの間にか気持ちがおおらかになり、自分の失敗まで笑って許せるようになるから不思議なものです。

自分の失敗談を面白おかしく話せて、笑いで場を和ませることのできる人は、みんなから好かれます。「笑う門には福来る」の言葉どおり、笑いは心のゆとりにつながり、周りの人まで幸せにしてくれます。また、悪感情を吹き飛ばし、上機嫌になれる最大の特効薬でもあります。

生きていく上で避けて通れない怒りや苦痛の多くは、ユーモアによって笑いに変えることで他の人と分かち合うことができます。普段の何気ない出来事に潜んでいるユーモアのタネを、今日からぜひ探してみませんか。

古くて新しい現代の家計管理術

消費税の引き上げの前は、みんな買い物をします。高額のマンションなどの不動産や車、家電製品などの耐久消費財だけでなく、洗剤、トイレットペーパー、酒、しょうゆなど日持ちのする雑貨や食料品の売り上げも伸びます。消費税対策の特売をするスーパーや百貨店、その様子を報道するマスコミにつられて買いだめに走った人もいます。

値上げ前に必需品を買うのは確かに賢い家計防衛術に見えます。来月からみすみす税金が上がるならその前に、という心理はよくわかります。しかしいくら必需品とはいえ、買いだめしてたくさんあるとつい余計に使ってしまいます。ため込んで長いことキープしているうちに、品質が劣化してしまうということもあります。結果として家計防衛とはいえません。

10円安いものを探すより大事なこと

「豊かな社会」の中で物はあふれています。しかしいくら安くても、必要でないものを買い込んではいけない、10円安いものを買いまわって時間をかけるより、有効に時間を使わなければならないということを学んできているはずです。ところが消費税引き上げの嵐の前にはそうした知恵は吹き飛びます。物を買うというのは快感です。この快感を「賢い消費者」は普段理性で抑えているのですが、「消費税が上がる前に」という大義名分を与えられて理性が吹き飛んでしまったということでしょうか。健全な家計を維持する基本は、収入以下に支出を抑える、そのためにはできるだけ無駄遣いをしない、同じ品質なら安いものを買うというのが鉄則です。身の丈に合わない欲望に振り回されて必要でないものを買わないのが、生活者の教養です。

こうした家計の常識は長いデフレで収入が伸びない、物価も下がるという経済状況の中で浸透し、私たちはあわてて物を買わない習慣を身につけ、できるだけ値段を比べて安いものを買うようになりました。

今でもときどき顔を出す買いだめ行動を見ると、改めて豊かな社会における新しい家計管理術を身につけるのは難しいと思われます。

いいものを少量だけ買い、手入れをして長く使う

いくら収入が伸びないからといって値段の安いものばかりを追い求めるのではなく、長持ちする品質やデザインにこだわる。それが質の高い「ものづくり」につながります。

被災地の産物を買う、途上国の人から搾取しないフェアトレードのものを買う。滅びそうな伝統技術を守るためにそうした技術で作られた製品を買う。これらは消費を通じて消費者の価値観、人間性を示すものです。例えば、通信販売で高級化粧品を売っている私の友人は、消費税引き上げ前は目の回るような忙しさでしたが、その後は急にばったり注文が来なくなったといいます。そういう暇になったときに注文する消費者は当然大事にされます。

少しでも安いものをと消費者が求め続けることで、日本の生産者、労働者はかなり痛めつけられています。不必要なものはどんなに安くても買わない。必要ないいものを少量買い、手入れをし、修理して長く使う。飽きたからといってすぐ捨てないで他の人に譲る、電気などのエネルギーは無駄に使わない。こうした地味な行動の積み重ねが家計を守ります。家計だけでなく、地球環境も守ります。

私たちはもっと本当に賢い消費者にならなければなりません。そういう消費者が増えると大量生産している企業が困るかもしれません。でもその中でも力のある生産者は海外からも評価され、顧客を増やしていくはずです。買う行動によって、消費者は企業を変えることができるのです。

やせたいのは何のため？

２０１２年、フランスの大手のファッション雑誌「ヴォーグ」が同誌にやせすぎのモデルを使わないと宣言しました。数年前、スペインでもファッションショーにやせすぎのモデルは使わないと宣言しましたが、世界に広がりませんでした。世界のファッション界をリードする「ヴォーグ」の決断ですが、なかなか日本までは波及しません。

日本の中高年にとってメタボという言葉はすっかりおなじみになり、糖尿病や高血圧、心臓血管系の病気の予防のために太りすぎが悪いと運動やカロリー制限に取り組んでいる人もたくさんいます。もちろんこれは中高年の健康増進のためにはいいのですが、問題は女性、中でも10代、20代の若い女性の過度なダイエット志向です。

若い女性は食事量が少なすぎる

皆さんは信じられないでしょうが、小学生の女の子が太りすぎを気にして減食を試みる。中学生や高校生の女の子が鳥の餌ほどの少量しか食べない（そういう子に限ってポテトチップスのようなジャンクフードを食べているのですが）。教育熱心な親が愛情弁当を持たせても、太りすぎを気にする子は食べ残してしまいます。10代の男女の4割は自分を太りすぎと認識しているそうです。

大学生になれば朝食抜きは当たり前、1時間目の授業から居眠りしている子も珍しくありません。最近の若者はひ弱だ、打たれ弱いといわれますがその根底には体力の低下があります。そしてこのスリム志向は多くのエステ産業、ダイエット産業を生み、多くの働く女性がそれにお金をつぎ込んでいます。新聞も、折り込み広告も、インターネットもスリム願望をあおる広告であふれています。スリム願望は妊婦にまでおよび、やせた女性の低出生体重児の出産リスクが高まっています。低体重児の出生は、OECD（経済協力開発機構）諸国では日本はギリシャについで多いのです。

なぜこれだけ若い女性にスリム願望が多いのでしょう。もてるため、男性からカッコイイと思われたいためだけでなく、同性からの賞賛・羨望を得るため、やせているほうが着こなしできるファッションが多い、などさまざまな理由があります。やせているほうが頭が良さそうに見える、仕事ができるように思われる。テレビではやせているほうが映りがよい（それで私は悲しい思いをしています）。タレントも女優も皆やせている。でもこれはその業界の美意識です。ふつうの一般人はぜひ、「小太りでもいいのだ。健康が一番」という美意識に変わってほしいものです。マスコミの責任は大です。「若き人は肥えたるがよし」と清少納言も言っています。

70代を過ぎたら小太りのほうが健康的

小学生、そして中高生も大学生も、しっかり食べてしっかり運動し、しっかり本を読む。もちろん40代、50代の人が太りすぎに気をつけるのは必要です。高齢者が1日1食で若さを保つのは健康長寿によいそうです。しかし、それもほどほどが肝要で、高齢者もタンパク質など栄養のあるものをバリバリ食べて小太りのほうが体力が保持されるともいいます。国は「若年女性のやせ」を減塩対策と並ぶ国民の重要な栄養課題とし、実効的な対策を必要としていますが、なかなかこうしたメッセージは当の若い女性には伝わっていません。昭和女子大学では「H&B」（ヘルス&ビューティ）のメニューを開発して学生食堂で提供しています。

過剰なスリム願望、過剰な医療、過剰な健康志向に振り回されず、「何のための」スリムなのか、「何のための」医療・健康なのかを考えなければならないのではないでしょうか。

「美人」は多様

国際文化協会主催の「ミス・インターナショナル世界大会」の審査員を何回か務めさせていただきました。世界中から集まった各国代表の美女が70～90人、民族衣装、水着、そしてドレス姿でその美を競います。とりどりに魅力的で美しい女性に順位をつけるなどというのは大それたことに違いありません。でも、非日常の世界に触れていろいろなことを考えさせられました。

この華やかな席でとても印象的だったことが３つ。

各国代表の７～８割は、自己紹介で将来ビジネスや弁護士、国際機関での成功を望んでいることです。たまにモデルや歌手、キャビンアテンダントなどを希望したり、子供のいる温かな家庭を築きたいという代表もいましたが、そういう古典的な「女性らしい」将来願望をあげる人は完全な少数派でした。圧倒的多数の代表は、キャリア女性として「尊敬されたい」「成功したい」と極めて野心的でした。美しい女性はそれを活用してモデルやセレブ妻を目指すなどというのは過去の話で、美女は美しさも武器としてビジネスやキャリアでの成功を勝ち取ろうとする野心をもっているのがグローバルな方向なのだと、改めて目の覚める思いをしました。彼女たちは服飾界でモデルになるより自分のブランドを立ち上げ、成功させる経営者になるのが目標です。日本の20代前半の女性たちはこれほど自覚的に将来の職業を語らないように思います。

多様化する美女の基準

二つ目に印象的だったのは、アフリカや南アメリカ、アジア出身の美女の多いことです。

欧米のいわゆる白人系の美女でなく、おそらくハイブリッドのいろいろな民族の血を引いている美女たちが、それぞれ魅力的なのに改めて目を見張る思いをさせられました。おそらく半世紀前には、私自身もアフリカの肌の黒い美女の美しさがわからなかったかもしれないし、南アメリカの陽気で見事なスタイルの美女に違和感をもったかもしれません。でも、今や美の基準は変化したのだと実感しました。ミス・インターナショナルの世界だけでなく、ビジネスや芸術と同じように美女もいろいろな考え方やアイデア、方法を組み合わせて新しく多様な価値が生み出されていくのだと実感しました。２０１６年に優勝したフィリピン代表もおそらくスペイン、あるいは中国系、あるいは現地のマレー系など、さまざまな先祖の良いところを凝縮した存在なのだろうと想像させられました。

笑っているだけでは評価されない

３つ目は英語が不可欠ということです。最終審査でファイナリストたちが短いスピーチをしますが、そのときに格調高くアピールする英語で話すか、なまりの強い英語で話すかで、かなり印象が左右されます。米英だけでなくＥＵの各国の代表は英語のスピーチがうまいのは当然ですが、それ以外の国の代表もがんばっています。片言で可愛く笑っている、あるいはミステリアスに微笑んでいるだけでなく、堂々と自分のメッセージを発することができる美女がどんどん育ってくる中で、日本人はちゃんと生きのびていけるのだろうかと心配になります。才色兼備の上に野心があってエネルギッシュな女性を向こうに回して、日本の若者は対抗できるのか、相手に気圧(けお)されずに切り結べるのか、と心許ないものを感じさせられました。

１００年近く前の恩を大切にするポーランド

コペルニクスやマリー・キュリーのような科学者やピアノの詩人ショパン、また連帯のワレサ議長（後の大統領）やヨハネ・パウロ２世など現代の巨人の祖国として知られるポーランドのワルシャワ大学で講演する機会を与えていただいたことがあります。

人口約４０００万人、冷戦終了後共産党一党支配からはなれ、ＥＵに加盟し、経済も順調に発展しています。単一通貨のユーロは導入しておらず物価は安く、安全で、人々は勤勉です。うれしいのは予想以上に親日的なことで、日本・日本語を学ぶ学生も多く、ワルシャワ大学での日本の社会についての講演の聴衆も極めて質が高く、質問も手応えがありました。

ポーランドでの日本の評判

その理由として挙げられるのは、1795年のポーランド分割、1815年からのロシア帝国による占領など、ロシアとの緊張した関係の中で、極東の小国日本が大国ロシアを破った日露戦争の勝利がポーランドの人々に勇気を与えたことだそうです。それだけでなく、第一次世界大戦でロシア軍に加わって捕虜となったポーランド兵が日本で人道的に処遇されたこと、1920年ころ共産革命の中でシベリアで取り残されていたポーランド人の政治犯の子供たちが日本に引き取られ2年間保護された後ポーランドに送り返されたことに対する感謝が、いまだに語り伝えられているといいます。

「自分は日本人の世話になったのだから何かあったら日本人に親切にするように」と亡くなった親から言われていたので、震災の募金をすると言う人もいました。同国から義捐金がたくさん寄せられ、被災地の子供たちはポーランドに招待されました。

こういう100年近く前の昔受けた恩を大事にしてくださる方々がいると、「情けは人のためならず」と思えます。一方、ユダヤ人の強制収容所アウシュビッツでは血も凍るような思いをさせられました。その詳細はここでは述べませんが、当時1100万人のユダヤ人のうち600万人が犠牲になりました。初めは収容所で強制労働させられていたものの、次第に収容能力が追いつかなくなり、7割以上がそのままガス室へ送られたといいます。

ナチスの記憶を風化させまい

選挙で選ばれた正統な政府たるナチスがこの殺戮を粛々と行った背景には、当時のヨーロッパに根づいていた反ユダヤ主義の影響があります。その責任を教皇ヨハネ・パウロ2世が謝罪したのは実に勇気ある行動でした。各国の首脳もこの虐殺を防げなかったことを謝罪しました。自分たちは悪くない、自分たちもナチスの被害者だと反発するドイツ国内の世論を抑えて、この記憶を風化させまいと、若い人たちの見学を奨励しているEUの政治的意思の強さには感銘を受けます。EUはノーベル平和賞を受けましたが、こうした戦争・虐殺の災禍を二度と起こさないようにという努力を応援するためでしょう。

アウシュビッツは異常なナチスの狂気が生んだ特別の現象ではありません。日本でもいじめを傍観している教師や級友がいます。経済的な不振に対するやり場のない怒り、障がい児を排除する優生思想、それら今日の日本の悲しい現実とナチスを許した当時の社会は相通ずるものがあります。一方でユダヤ人虐殺の中でも、コルベ神父やコルチャック先生のような自分が犠牲になって仲間を助けた立派な人もいたことに救われますが、ほとんどの人は自分の身を守るのに精一杯でした。

ワルシャワ大学日本学科では優秀な学生がたくさん学んでいます。日本・日本語を学ぶ人たち、日本を自分の研究対象として選んだ人たちに対して、私たちはその愛情と期待に応える国・社会であり続けなければならないと痛感しました。私たちはそれに値する国でありたいものです。

戦争を次世代に伝える

第二次世界大戦のあと生まれたベビーブーム世代を、「戦争を知らない子供たち」と呼びましたが、その世代がもう引退しました。一方、これから成人式を迎える青年たちが生まれたのは2000年以降です。彼らには共産主義と資本主義諸国が対立していた時代の記憶はほとんどありません。いわば冷戦も知らない世代です。

先日も「アメリカはベトナムと戦ったことがあるのですね」と言われて驚きましたが、確かに彼らにとってベトナム戦争は自分が生まれるはるか前の歴史的事件で、私たちが普仏戦争やスペイン内戦を歴史的事実として知っているのと同じようなイメージなのかもしれません。

それは当然ですが、「日本は中国に軍隊を出して戦ったにしても、それははるか昔の2世代前のことで、何で私たちが責められなければならないのか」と言われると、「仕方がないね」と言って済ませるわけにはいきません。2世代前の日本人のしたことでも、日本が侵略してきて自分たちの祖父たちを殺したという相手の記憶は、しっかり胸に刻み込まれていることを忘れてはいけません。善行を記憶されているだけでなく、悪行も記憶されているのです。

しかし現実に若い人たちと話していると、「戦争だからたくさんの相手国の人が死んだかもしれないが、日本人も引き揚げのときにたくさんの犠牲者が出たように、お互いさまでしょ」とか、「韓国や中国はいつまでも昔のことをもち出して日本を責める嫌な国だ」という意見をよく聞きます。大多数の若い人は歴史に無関心ですが、歴史に関心をもっている人は、いわゆる愛国心が強い人たちという傾向があります。そのため、こんな意見が出てくるのかもしれませんが、気になる現象です。外国人に対するヘイトスピーチやヘイト犯罪はどの国でもあり得ますが、社会としては許さないという意志が必要です。

なぜ戦争が起こり、拡大したのか

私にも大学卒業早々中国で戦死した叔父がいます。彼は戦争の犠牲者であって、加害者ではない（と思いたいです）。少なくとも戦争を引き起こした当時の責任者が最も罪が重く、仕方なしに「戦争にとられた」人たちとは責任の重さが違うと思いますが、なぜ彼らは戦争に反対できなかったのか、そして若い世代は戦争がなぜ起こり、拡大したのか、どうしてやめられなかったかというプロセスをもっと知るべきだと思います。

平和がいい、戦争は嫌いだとムードとして感情的に言うだけでなく、戦争がどれほどの人を殺しているのか、国富を失わせているか、環境を破壊しているかを、日航機墜落事件、阪神・淡路大震災、東日本大震災などと比べてしっかり認識しておく必要があります。国際関係、安全保障、国際法など遠い世界の「関係のない話」ではありません。

そして、日本がこの75年余り戦争をしなかったこと、戦争によって一人も外国の人々を殺さなかったこと、核武装しなかったことが、この国の繁栄をもたらしただけでなく、国際社会で尊敬され、好意をもたれてきたという現実的な利益があったことを認識しなければなりません。

率先して自国の歴史を学ぶ

このように考えると、自分の国の近現代の歴史を学ぶことは、他の国から言われなくても率先して自分たちから取り組まなければならない課題です。そして私たち日本人が知るべきこと、考えることを若い世代に伝えていくことは極めて重要です。右だ、左だとレッテルを貼られるのが嫌で、私も議論を避けがちでしたが、もっとみんなが多様な立場から考え、知識に裏づけられた発言をすることが、「国家の知性」であると思います。

第3章

ゆるやかな人間関係

つかず離れず、心地よい関係を築く

「距離」を保てば良い関係

友人や仕事関係の人との関わりでは、適切な距離を保つよう意識しています。でも、家族との関係ではどうでしょう？　「家族だから」「一緒に暮らしているのだから」といって、とかく相手に遠慮なく近づきすぎがちです。相手との距離が近すぎると、お互いのトゲで傷つけ合う「ヤマアラシのジレンマ」が起きてしまいます。仲良くしたいのに、近寄りすぎると自分のトゲが相手を傷つけ、相手のトゲが自分を傷つける……まさにジレンマですね。トゲは自分ではないつもりなのに、知らぬ間に相手を傷つけてしまうことが起こるのです。

家族であっても適度な距離感が大切

では、どうすればよいのでしょうか。答えは適度な距離をとることです。例えば、息子の配偶者に対して、母娘のように親しくし、力になりたいと思っても、善意を押しつけてはいけません。「私が子守をするから、あなたは掃除をしてきなさい」では、かえって疎ましく思われることがあるのです。そうすると「せっかく子守をしたのに感謝もない」と傷つく結果になりかねません。

期待されてもいないことをやるのではなく、「いつでも子守するわよ」と伝えておいて頼まれたときに快く協力する距離感が、良い関係の秘訣です。

要求を減らし、感謝と喜びの人生を

家族に限らず人と良好な関係を保つためには、過度な要求をもたないことが大切です。親子でも夫婦でも、期待しすぎたり求めすぎたりすると、それに応えてくれない相手に対して失望や怒りを感じてしまいます。職場でも「上司なのだから（先輩なのだから）、自分より人間的にも能力的にも優れているはずだ」などと期待してはいけません。相手も人間ですから、欠点や短所をもつことも大いにあり得るのです。また後輩や部下が自分の言うことをきかない、尊敬してくれないと怒ってはいけません。

最近は、社会のあらゆる分野で相手への過度な要求が増えているように見えます。「お金を払っているんだから、大事にされるべき」。それは教育や介護の分野でも同じで、「サービス」を買うという意識になりがちです。過度な要求は相手を疲弊させるため、結果的に自分の受け取るサービスの質を低下させてしまいます。つまり、お互いにとってマイナスなのです。ちょっと飛躍しますが、学校へのクレームが、教員志望者を減らしているのではないでしょうか。

相手に対する期待が高く、「もっともっと」と要求ばかりしていると不満をもち、感謝することが少なくなってしまいます。不満の多い人生は寂しく、幸せとは程遠いものです。反対に、要求を減らして多くを求めないようにすれば、ちょっとしたプラスアルファのサービスにも喜びや感謝を感じることができます。そのほうが、ずっと幸せな人生です。求めすぎない、近づきすぎない。これが幸せを感じる距離のとり方なのです。

ギブ・ギブ・ギブ&テイクの心意気で

人間関係の基本は対等なギブ&テイクであるべきだと信じている人がいます。たしかに契約社会では、「与えた分、もらわないと損をする」と思ってしまいがちです。でも、人生で短期間で「与える（ギブ）」と「もらう（テイク）」の収支を合わせようとするとビジネスライクになってしまい、人生に感謝や喜びといったプラスアルファがなくなってしまいます。結果的に、自分の心が貧しくなり、幸せにほど遠い人生になります。

ギブ&テイクの収支にとらわれないほうが幸せ

そもそも人間というのは、「してあげたこと」は覚えていますが、「してもらったこと」は忘れがちで、自分ばかりが与えているように感じてしまう傾向があります。俗な言葉でいえば貸したお金は覚えているが、借りたお金は忘れているということです。

そのため、客観的には「ギブ＆テイク」が成り立っている関係でも、「自分は与えてばかりで見返りが少ない」と思っていることが多いのです。だから、「ギブ・ギブ・ギブ＆テイク」を心がけるくらいがちょうどいいのです。「こんなに世話をしたのに、お返しをしてもらえなくて損をした」なんて絶対に思わないこと。そう思うことで自分が不満になり、損なのです。

相手は、感謝をどう表現すればいいかわからないだけかもしれませんし、余裕がなかったのかもしれません。「人の役に立ったからそれでいい」「人の助けになることができて何て幸せなんだろう」と思うようにすれば自分も幸せを感じられて、人生は豊かになるものです。

自分が得たもの、恵まれているものを思い出す

そうはいっても、やはり人は「自分ばかりが与えている」という気分にはまりがちです。これを解消するには、「テイク」について振り返る時間を作ること、自分が得たもの、恵まれているものを思い出すことです。夜、お風呂に浸かっているときや就寝前のひとときに「今日してもらったことや励みになった言葉」を思い出してみる、神社の前を通ったら「自分が困っているときに手を差し伸べてもらったこと」を必ず思い出してみるというふうに。

「自分がしてもらっていること」に思いをいたすと、心が温かくなって、「ああそうだ、ありがたい」「自分ももっと人の役に立とう」と思えるものです。「今は自分のことでいっぱいいっぱい、余裕がなくて人にお返しするなんて無理」と思う時期も人生にはあるでしょう。それなら、ゆとりができたとき、直接助けてくれた人や与えてくれた人でない別の誰かに「恩送り」をするようおぼえておきましょう。

「ギブ」することとは、「ものを与える」ことと考えがちですが、相手にとってプラスになるように言葉をかける、世話をするという「ギブ」の仕方もあります。例えば、忙しい人に時間を取ってもらうときに、少しでも充実した楽しい時間となるよう工夫したり、何気ない会話の中に力づけの言葉やアドバイスを加えるなど。

期待されている以上の「ギブ」をするには、一生懸命相手の気持ちをおしはかり頭を働かせなくてはいけないので、脳が活性化され若々しさも保てて、いいことずくめです。もらいっぱなし、受け取るほうが大きいのが「得」でうまい生き方ではありません。ギブできる人生をめざしましょう。

相手を思い、思慮深い言葉を使う

近年は、メールやＳＮＳでカジュアルな言葉が使われています。手紙や文書ならもう少し丁寧に表現するのに、ネット空間では話し言葉をそのまま書いてしまう人が多いですね。これはとても危険なことです。一度ネット空間に出した言葉は取り返すことができません。

話し言葉でも慎重に言葉を選ばなくてはいけないのに、後々まで残る書き言葉を、吟味もせず反射的に出してしまうのは誤解のもとです。ＳＮＳでは、あとで取り返したり訂正できないで残るという書き言葉の恐ろしさが忘れられがちで心配です。

素早い反応より、ひと呼吸おいて言葉を返す

多くの人はテレビのバラエティ番組のタレントのように、相手の言葉にすぐ反応することが頭の回転のよさを示すことであり、気のきいた対応だと思い込んでいます。すぐに反応できない鈍い人は馬鹿にされ嫌われると。それゆえ、相手に評価されるために、素早く対応することに一生懸命になっています。

でもテレビと現実は違います。ひと呼吸おいてから言葉を返すほうが、思慮深く賢い人だと思われ、好感をもたれることが多いのです。話し言葉であれ、書き言葉であれ、自分が出す言葉を咀嚼する時間は必要です。頭の回転のよさを見せるよりも、誤解されない言葉を選ぶ賢さを身につけるようにしましょう。私は「面白い人」と思われるより「信頼できる人」だと思われたほうがよいと思います。

フォーマルな言葉を使う場をもつ

言葉の使い方を磨くためには、美しい言葉に触れる機会を増やすこと。映画でも小説でも、名作と呼ばれる作品には美しい日本語が使われています。そういった良い作

品にできるだけ多く触れてください。また、感謝や賞賛などポジティブな言葉は惜しみなく伝えましょう。「私は○○が嫌い」「私は○○されて辛かった」といった否定的な言葉ではなく「こうしてもらえたらうれしい」と素直に希望を伝えれば、相手も気分を害しません。美しい言葉は、「この言葉を聞く相手はどう思うだろう?」という想像力と気遣いから生まれるのです。

気をつけたいのは、同じ人間関係だけにどっぷり浸かってしまうことです。気心の知れた仲間とだけ関わっていると、気楽です。でも、緊張感が失われ、思慮深い言葉や自分と違う相手を思いやる言葉を忘れてしまいます。そうならないためには、公的な場や、お稽古ごとなど、ちょっとフォーマルな言葉を使う場をもつことが大切です。いつもと違う言葉を使うということは、いつもと違う役割を演じるということ。それは違う自分を見つけるチャンスであり、あなたを美しくする大事な機会です。「気を遣わない気楽な人とだけ話して私らしくいたいわ」などと言って、自分を成長させる機会から逃げないでくださいね。ちょっと緊張する場をもち、美しい言葉を使うことは、心の若さを保つことにも役立ちます。

言いたいことを伝えるために

人前で「話す」ことに苦手意識をもっている女性は多いようです。自分でも結論がわからないまま話していると自分でも混乱します。話すときは、何を言いたいか、何を伝えたいかを明確にしておくことが大切です。会議や発表会では話す前に伝えたいことを整理し、箇条書き程度でよいので準備しておくと、話がしやすくなります。言いたいことを言うより、相手に伝わることが大事です。

話し始める前に、事前準備が必要

たとえ話す相手が家族であっても、目的がある場合は事前準備が必要です。例えば、「娘の将来について夫と話したい」場合。「留学してくれるといいね」というような漠然とした思いであれば、とりとめなく思うがままの気楽な会話でよいでしょうが、「大学の費用をどう工面するか具体的に話したい」といった明確な目的があるときは、今の収入、貯金など具体的な話の材料を集めてから、しかもタイミングを見て話すことが重要です。「女の子にお金をかける必要はない」といった考えの夫を説得するには、夫の誤解を解くための材料を用意しなくてはいけませんし、第三者から話してもらったほうがよいかもしれません。準備なしに話し始めると、かえってお互いの考えの違いを浮き立たせ、対立を深めてしまいます。

家族間では、お互いへの配慮が欠け、売り言葉に買い言葉となりがちです。会話には愛のスパイスをまぶすことも親しい家族の間でこそ重要です。

自分の意見は、相手に「イエス」を返してから

「言いたいことをうまく相手に伝えられない」「相手に自分の意見を快く受け取ってもらえない」と思う人もいます。日本の女性は長い間、「主体的に自分の意見を表す」「自分に協力してもらうように働きかける」という役割を経験していませんでした。相手を説得したり自分に協力してもらうのではなく、相手に合わせたり、相手の言うことを聞いて従う「良い子」が期待されていたのです。女性が言いたいことを上手に伝えられないのは、こうした社会的背景の名残でもあるのです。

男性は、女性から反論されないで丁寧に接してもらうことに慣れています。考え方の古い人は特に、女性からの提言や建設的な批判を期待していません。こうした状況の中では、たとえ正論を言っても伝わりにくく、むしろ正論ほど癇に障るので、「お前に言われなくてもわかっている」となってしまうのです。

では、どうすればよいかというと、簡単なテクニックとして相手の話にまず「イエス」で返すことです。例えば、上司からの指示には、まず「はい、わかりました」と応じます。そして、次の段階で「こういうことも考えられるのではないですか」と提案しましょう。先に相手の言いたいことを受け入れることは、自分の考えを相手に伝わりやすくする準備でもあるのです。

これをクッション言葉といいます。「そのとおりですね、ご希望はわかりました。でもいつまでに仕上げましょうか。私は明日が締切りの○○をしていますが、その前にしたほうがよいですか」と聞いたほうが、ストレートに「今私は○○で忙しくてできません」と言うよりよほど建設的です。

雑談を楽しむためのヒント

友人・知人との会話を楽しむためにはどうすればよいでしょうか？

普段の会話というのは、その7～8割くらいは雑談といわれるように着地点がないまま話が進むものです。そうした会話をするのは、相手に共感を求めるのが目的です。結論や合意を得るためではありません。「この種の会話で、自分の日ごろの考えを相手に伝えよう」と張り切っても、ギクシャクするだけです。相手が会話を主導しているときに、こちらが無理に主導しようとすると反感をもたれます。また、相手の考えに対して、つい「私はこう思うわよ」などと反論してしまうこともありますが、ほどほどにしましょう。

聞き上手、相槌上手、褒め上手に徹する

まずは相手の話に耳を傾けましょう。そして、話の着地点はどこなのかを把握することが大切です。着地点がなく、しゃべりたいだけという相手の場合は、肯定的な相槌をうちながら聞いてあげればいいのです。

5〜6人で話していたとして、全員が話し好きだったら大変ですね。2〜3人がおしゃべり好きで、3〜4人は聞くのが大好き、というほうがバランスがとれるものです。聞き上手、相槌上手、褒め上手に徹するほうが、楽しい場を作ることができます。

「楽しいことを言わなくては」という思い込みを捨てる

会話中に話題が途切れて気まずい雰囲気になったとき、サービス精神から「何か良いこと、楽しいことを言わなくては」とがんばる人がいます。実はそんな必要はありません。私も若いころは、会話がとぎれ話題がなくなって気まずくなるのが気になって、「何か面白いことを言わなければ」と一生懸命努力していました。場がしらけると何となく自分のせいのような気がしました。でも、あるときふっと「無理をしなく

てもいいんだ。場がしらけたのは私のせいではないんだ」と思うと急に楽になりました。

「いつも愛想よくしていなくてはいけない」「いつも話題豊富でなくてはいけない」といった考えから、無理に場を盛り上げようとすると、失言につながったりするのです。よく舌禍事件を起こすある政治家は、聴衆を面白がらせようとサービス精神のあまり言いすぎてしまうのです。また、「話し上手と言われたい」「あの人と話していると楽しいと思われたい」という望みは、身の程に合わない願いであることが多く、余計な情報を撒き散らすだけという結果になってしまいがちです。

もちろん、仕事や人生には自分の意見を上手に伝えなくてはならない場面がありません。でも、そうではない普段の会話では、無理に話さなくてもよいのです。おしゃべりさんと品格は両立しにくいです。話し上手ではないという自覚があるなら特に、無理をしないで温かい表情で相手の話を聞いてあげること。それが、品格あるたたずまいをかもしだします。

信頼されるためのポイント

人と付き合うときには、無意識に「この人と付き合うとプラスになる」とか「勉強になる、いい刺激を受ける」と考えがちです。また、人事権のある上司や地位が上の人に対しては丁寧に接するのに、部下や目下の人のことは軽んじてぞんざいに扱うという一面があります。下の人からよく思われても、自分の昇進のプラスになるわけではないからです。凡人としてやむを得ないことですが、自分の役に立たないことを切りすててばかりいると卑しい人になってしまいます。

損得なしの行動が良き人間関係の基本

誰でも、相手だけがプラスになる付き合いを望むはずはありません。お互いにプラスを与え合うような双方向の関係でないと長続きはしません。それは、「私と付き合うとメリットがあるから、あなたも私にメリットをちょうだい」という関係ではなく、「この人は一緒にいて気持ちいい、誠実で尊敬に値する」といった、自分が楽しい付き合いをするとそれが態度ににじみでて、相手も心地よくなるという関係です。

さらには、自分にとっては少し損になったとしても、それでもいいとひと肌脱ぐような関係こそ、友情の一番の基本です。自分が本心で尊敬できる人と付き合う、そうした人間関係を築くことが、結果的に周囲からの信頼を高めることになるのです。

「みんな同じであるべき」という圧力から離れる

日本社会には、「みんな同じであるべきだ」という同調圧力が強く働きます。そのため、グループの中で他のメンバーと変わった行動をしたり違った意見をもつと、「あの人、変わっているわね」と言われ、排除やいじめの対象になったりします。こうした「皆と同じでないと嫌われる」という意識が、日本を生きにくい社会にしているのではないかと思います。それは格差が少ないというメリットもありますが、個性を抑圧するという副作用もあります。

自分の居場所があるというのは心の安定をもたらしますが、その居場所にしがみついていると不自由になります。例えばママ友とだけ付き合うのではなく、学生時代の友人仲間や趣味のグループといった別の世界をもちましょう。メンバーが固く団結して別の世界をもつことを許さないグループは息苦しいので、少し距離をおくには別の世界をもつことです。そういう努力をすることが、強さ、賢さだと思います。同時に、一人でも楽しく過ごせるという時間を作ること。「基本は一人でいる」というクセをつけると、「グループに所属しなければ」という固定観念がなくなり一人でいることが楽になります。

そして、自分が関わるグループのメンバー以外の人とも一人の対等な人として関わりましょう。そもそも人は皆違っているのですから、その違いから学ぼうとすることが大切です。経験の狭い人を「井の中の蛙大海を知らず」と馬鹿にしないことです。「大海の鯨井の中を知らず」ということもあります。それぞれの得意不得意を認めましょう。相手の長所を尊重していれば、必ず良い信頼関係を築けるものです。

年を重ねてからの愛し方

皆さんは、家族との人間関係について考えたことはありますか？　最も身近で深い関係性にある人とどう接するか、どう愛情を注ぐかは、年齢を重ねた女性の「これから」のためにも考えておきたいテーマです。

家族の前で上機嫌でいるコツ

大抵の人は、初めて会った人やそれほど親しくない知人には礼儀正しく振る舞います。では、家族に対してはどうでしょう。ありのままの感情むきだしで、ときには不機嫌な仏頂面で接してはいないでしょうか。本来なら一番身近な人にこそ、上機嫌に接するべきです。そのほうがお互いに幸せなのに、長い時間をともにするうちに、いつしか存在するのが当たり前になって遠慮や気遣いを忘れてしまうんですね。

家族の前で上機嫌で振る舞うコツは、前にも言ったとおり程よく距離をおくことです。その対策としておすすめなのが、家の中で一人になれる場所をもつこと。台所や茶の間など、家族との共有スペースが自分の居場所という主婦は少なくありません。若いころはそれでもいいかもしれませんが、年齢を重ねてからは、妻や母親という役割から完全に解放される場所をもっていいと思います。ヴァージニア・ウルフという英国の小説家は、女性も「ドアに鍵のかかる部屋」が必要だと言いました。

個室が無理でも自分の机や自分のスペースをもち、自分だけの時間を楽しむことで、気持ちを切り替えることができるはずです。

家族への気遣いはアンチエイジング効果も!?

「親しき仲にも礼儀あり」は、家族に対しても重要です。娘と姉妹のように仲がいいという母親は多いようですが、いくら仲良しでも相手に言っては悪いことはあるものです。戦前生まれの女性の多くは、大家族の中で育ち、大家族に嫁ぐことで人間関係を学び、経験を積み、年の功を重ねることができました。

しかし、核家族で育った中年以降の世代は、昔より生活は豊かになり、家族の中で気を遣わねばならない姑や舅はいなくなりました。その代わり家族との関係で苦労し成長する機会が少なくなった気がします。遠慮のない関係は気楽で楽しいかもしれませんが、気を配り子供から尊敬されるような人間性を示す機会も減りました。むつかしい相手によく思われるためにはどうしたらいいかと考えるのは、緊張感があり脳が活性化するのでアンチエイジング効果もあったはずです。

また、家族と良い距離感を維持するためには、外の世界を知ることも大切です。家では一人になれる場所が必要と言いましたが、それはこもりきりがいいと言っているのではありません。ときには外で、多くの人々やさまざまな世界に触れて、家族の在り方の多様性にも触れ、これから先の家族との愛の育み方の参考にしてください。

少し迷惑をかけても許しあえる関係

都会ではいざというときに頼れる友達もいない、家族とも音信不通で付き合いがない、という「無縁」な人が増えています。仕事はしているが正社員ではないので不安定。元気なときはそれでもいいですが、病気になったり、失業しても、悩みを抱えても相談相手もなく、孤立してひっそり自殺する人もいます。

どうしてこうなってしまったのでしょう。経済発展以前の日本では国民のほとんどはムラに住んで、大家族とともに暮らしていました。血縁・地縁のネットワークで、周り中顔見知りで、家族の関係もお互いの気心も、経済状態も知りぬいていました。プライバシーはなく、わずらわしいことも多かったでしょうが、孤独ではありませんでした。その後高度経済成長時代に多くの人はムラを離れ、都会に移り住んで、「隣は何をする人ぞ」という生活になりましたが、代わりに「会社」が個人をしっかり受け止めてくれました。

会社は仕事だけをする場ではなく、社会人としてのマナーを教えてくれ、友人と協力する機会を与え、尊敬できる先輩と出会う場でもありました。得意先への接待、上司とのアフターファイブの付き合いで社会性も身につけました。社員旅行、独身寮・社宅、保養所、会社は何から何まで社員の面倒を見てくれました。これではいけない、会社人間ではダメだ、社員は社畜だ、もっと自立しなければと強調されましたが、言葉を換えればそれほど会社は面倒見がよく、社員をしっかり抱えてくれていたのです。

ところがバブルが崩壊した後の失われた30年の間に、日本の経済は力を失い、そうした会社と社員の温かい関係は消えつつあります。人件費を削減する経営者が有能と評価され、リストラが当たり前になっていきました。会社は正社員を減らし、仕事は人件費の安いパートやアルバイトや、契約社員、派遣社員に任せる。こうした非正規社員は必要なときだけの使い捨ての労働力です。アメリカなどでは当たり前のこうした厳しい社会で生き抜く知恵と習慣が、日本人はまだ身についていません。

地域社会と関わり、積極的に他人と縁を結ぶ

アメリカでは、労働者は会社に愛着はあっても労働力の売り買いが基本の関係で、使い捨てにされないように自分の権利を主張し守りぬきます。会社に頼らず、自分の価値を高める努力をし続けます。職場の付き合いより家族や友人との付き合いを優先し、地域社会と関わり、協会やクラブに所属して「縁」を結ぼうとします。会社に頼れず自分で縁を作らなければならないから、愛想よく社交的です。それに対して日本人はムラや大家族や会社に頼ってきた習慣で、自分から他人と縁を結ぼうと積極的に働きかけようとしません。

「会社や仲間に迷惑をかけてはいけない」と幼いときからたたきこまれる影響もあるかもしれません。自分から他人に働きかけたり、自分の権利を主張するのは迷惑がられる嫌われると教え込まれてきました。

他人から「迷惑をかけられる」のに拒否的な人も多くなっています。だから遠慮深い人はどれだけ困っても「迷惑をかけてはいけない」と家族や友人にさえ助けを求めません。

「気にしないで、お互いさま」

私は人間、困ったときには人に迷惑をかけても仕方がないと思っています。社会生活をしている以上、友人や家族からある程度迷惑をかけられることを覚悟しなければなりません。お互い少しは迷惑をかけても許しあえる関係が友人であり、家族だと思っています。しかし、善良でまじめで消極的な人ほど「迷惑をかけない」ように行動しますが、ずうずうしい人は人の迷惑など考えません。その両極端でなく、ゆるやかに、しかし温かい人間の縁を培っていくにはどうすればいいか、人をばらばらの「無縁社会」にしないためにはどうすればいいのか。

社会全体を変えるのは困難でも、自分でできることから変えていきましょう。まず第一は、人から受けた迷惑を（軽度ならば）しょうがないなと受け入れる。それを「気にしないで、お互いさま」と相手に伝える努力をするところから始めましょう。

ロボットが人間の心を癒す時代に

ロボットといえば日本では鉄腕アトムやドラえもん以来漫画でおなじみです。しかし現実に一番多いのは、工場で組み立てや溶接などを行う「働くロボット」です。

私は掃除ロボットや福祉ロボットを開発してほしいと思っていましたが、そちらはまだ性能がよくありません。戦争に使われる「戦うロボット」もアメリカなどでは開発されているようですが、実態はよくわかりません。しかし現代の戦争はサイバーアタック、ドローンの探索機、無人爆撃機など広い意味でのロボットの戦いになっています。別のロボットもいます。先日は最近日本で開発された「癒しロボット」を直接見て、触る機会がありました。

癒しロボットは正確には「メンタルコミットロボット」といいます。人と共存するロボットで、可愛さや心地よさなどの人との相互作用によって、人に楽しみや安らぎなど精神的な働きかけを行うことを目的として開発されたロボットです。
　この癒しロボットは「パロ」といい、アザラシの赤ちゃんをモデルにしており、目や足が動き、なでると声を出して喜び、乱暴に扱われると怒ります。パソコン2台ほどの人工知能を埋め込まれているので、頻繁に呼ばれる声を自分の名前として認識でき、名前を呼ばれると反応します。重さは約2・7キロ、新生児の体重とほぼ同じです。1993年から研究開発が始まり、性能や抱き心地など改良を重ねています。

認知症セラピーにも効果

　本物のペットは現在約2400万匹飼われており、14歳以下の子供の数より多くなっています。子供を育てるのは責任が重くお金もかかるので、より手軽な愛情の対象としてペットを飼う人が多いということです。家族の一員として愛されるペットはコンパニオンアニマルとも呼ばれ、生活に潤いを与えています。また高齢者や長期入院の人のリハビリを助け、精神を病む人たちにもアニマルセラピーとして効果を上げる存在です。しかしペットはマンションでは飼えず、旅行に連れて行けないなどの問題もあり、病気や死も避けられません。

この癒しロボットは本物の動物を飼うことが難しい場所や人々のために開発され、特別養護老人ホームやデイケアセンター、小児病棟や児童養護施設に導入されており、高齢者の家庭でも愛されているそうです。アルツハイマー病の高齢者のセラピーには効果があることが確認されており、高齢者施設などでは話題を提供する存在としてその有用性が認められています。癒しロボットは1体40万円とかなり高価ですが、本物の犬は食費、医療費、身づくろい費などもっとコストがかかるので、将来の需要は大きいと見込まれています。

人間より忍耐強く、忠実で優しい

日本に限らず豊かな社会ではモノよりも心の豊かさや癒しを求める人が増えています。人工知能に関わる高度技術と日本的な細やかな美的感覚は、きっとさらに可愛く賢いロボットを生んでいくに違いありません。「アシモ」という歩行型ロボットも別に製作されています。人間の形をしたロボットが開発され、話し相手や相談相手、遊び相手を務めるようになる日は、それほど先でないかもしれません。

私は本当の癒しは家族や友人から得られる、それが得られない人たちには人間のボランティアが関わっていくべきだと考えていました。しかし人間よりもロボットのほうが忍耐強く、忠実にいつも優しく反応してくれるし、裏切ったり、気が変わったりもしないということです。確かに人間は気まぐれでわがままな存在ですが、とてつもなくすばらしいこともしでかします。その想定外の不確実性がいろんな可能性をはらんでいると考えましょう。癒しロボットを通じて日本の現在の高齢化社会の課題を見る心地がしました。

第4章

心身の健康を保つ

生・老・病・死も淡々と受け入れる

しっかり食べ、運動し、体力をつける

２０１７年のスポーツ庁の調査によれば、週１日以上運動する人の割合が中学生から40代まで１９９７年に比べ低下しているということです。対して、女性も40代後半からは運動実施率が向上し始め、65歳以上の実施率は７割を超え、20年前を大きく上回っています。高齢者はしっかり運動している成果が体力に反映し、過去最高を更新しています。

1に健康、2に健康、3、4がなくて5に能力

若い男女、中でも30代、40代の女性がスポーツをしていないのは社会進出の結果、時間がないからだと言う専門家もいますが、それだけが原因ではないでしょう。男性

は昔から社会参加もして運動もする。20年前と比較しても男性の運動実施率は増加しています。

おそらくこの背後には女性の社会進出は進みましたが、男性の家庭参画が進んでいないことが反映されているのでしょう。働く女性、とりわけ30代、40代の結婚し子供をもっている女性は仕事・育児・家事と時間的余裕がありません。特にフルタイムで働いている母親は時間貧乏、自由に使える時間が本当に少なくなっています。ワーキングマザーは運動する時間が取れないのに、忙しいといわれる男性たちがそれなりに運動しているのは、家事・育児が女性の責任となっていることが多いからです。

別の観点から気になるのは、まだ結婚もしない19歳の女性の運動実施率が34％と20年前に比べても大きく低下していることです。これはダイエット志向とともにこの年代の体力低下とも結びついています。こうした若い女性の体力低下は、女性の家庭と仕事の両立を阻む大きな壁になります。

私はフルタイムで働き続けてきましたが、子育ての時期は「1に健康、2に健康、3、4がなくて5に能力」というのが実感でした。自分が倒れたら、子供も仕事もダメになる。男性以上に女性は体力が必要です。現在の若い女性が運動もせず食事も制限していることで体力が低下しているのは心配です。これが少子化のもう一つの原因ではないかと心配になります。

若い女性の中には厳しいマクロビオティックや菜食主義者も増えていますが、そうした食生活は健康に結びつくわけではありません。菜食主義者が人口の約3割を占めるインドの調査では、菜食主義者はビタミン不足であることが多く、心臓病や脳卒中などを発症するリスクはそうでない人の約4倍だそうです。

高タンパク質の食事は死亡率を低くする

日本でも65歳以上の高齢者では高タンパク質の食事をとる人が低タンパク質の食事の人より死亡率が約30％低く、がん死亡率も約6割低いとされています。やせの人のほうが小太りの人よりがんが多く発症しています。メタボが問題なのは、高齢期や若年期ではなく中年期です。

若い女性に話を戻すと、20代女性の1日あたりのカロリー摂取量は終戦直後の食糧難だった時代を下回っています。食べない上に運動しないので体力は衰えます。少子化が進み、若い人が結婚・出産・育児をする体力が衰える一方で、元気な高齢者がどんどん増えているのは喜んでいいのか、考えさせられます。体力のない若い女性たちを元気な高齢女性がサポートするというのが当面の解決法かもしれませんが、若い女性はもっと体力をつけるべきです。

希望は、現在の小中学生たちの体力が、20年前に比べて改善傾向を示していることです。高校進学、大学進学するにつれ運動実施率が下がっていきますが、何とかそれを食い止め、生涯にわたって体力を維持してほしいものです。

若いときにモリモリ食べ、しっかり運動し、体力をつけないと、出産子育てを乗り切れないだけでなく、高齢期になって健康寿命が短くなるよ、がんや骨粗鬆症で寝たきりになるよ、と言っても、若いころはピンときません。自分事として納得できるようしっかり伝えるにはどうすればよいか、工夫が必要です。

アンチエイジングは、ほどほどに

秦の始皇帝のように権力を握った人は不老長寿を夢見て、薬やまじないでそれを手に入れようとしました。それでも始皇帝は49歳で亡くなっています。庶民の多くは乳幼児のうちに亡くなり、成人しても出産や病気、飢饉や戦争で命を失っていました。それに比べて2020年現在、日本人の平均寿命は男性が81・41歳、女性が87・45歳となっています。長寿は現実のものとなっていますが、それをことほぐ人よりもてあましている人のほうが多いのではないでしょうか。それは本当にもったいないことです。

私たちの意識も、職場も、社会保障制度も、長寿を想定せずせいぜい70代前半で亡くなるような社会を前提に設計されているので、いろいろ問題が生じているのです。

私は団塊の世代が60代になる前に高齢者を70歳以上と定義し直し、定年を延長し、それに伴って年功序列の昇進や昇給を改め、年金支給を遅らせる改革が必要だと主張し続けてきました。しかし、実行されないままに今日にいたってどんどん定年後の仕事のない高齢者が増えています。

健康維持は目的ではなく手段

その中で多くの中高年層の人々、中でも女性が熱心に取り組んでいるのは不老、すなわちアンチエイジングです。人の世話にならず健康で自立した生活ができる期間、健康寿命を１日でも長くする、というのは皆の望むところです。そのために食べ物や運動に気を配って介護が不要な状態を維持し、病気の早期発見のための健康診断に熱心に取り組みます。それだけでなく少しでも若く見えたいと、美容整形したりファッションに気を配ったり、髪を染めたり、歯の手入れをしたりします。

それにはいろいろな方法があり、それぞれに熱心な信奉者がいます。例えばできるだけ摂取カロリーは減らし、断食などでデトックスを行う。ビタミンＥやセサミンが老化を予防する、いや緑黄色野菜だ、明日葉だ、ギャバだ、何とか茶が効く、コエンザイムQ10などの酵素がいい、発酵した食べ物をとる、活性酸素を除くために水素を摂取する、などなど。

それぞれに根拠があるのでしょうが、正直な話、私はそうした健康保持の努力もほどほどでいいのではないかと思っています。もちろん煙草を吸うとか暴飲暴食をするとか、睡眠不足を続けるとかの科学的にエビデンスのある行為を行うのはやめなければなりません。できるだけ健康な暮らしをするのは大事なことです。しかし健康維持は目的ではなく、手段です。何が目的かといえば充実した幸せな人生でしょう。充実した幸せな人生を手に入れるためには健康は極めて大事な要素ですが、健康でも充実した幸せな人生を生きていない人もまた多いのが現実です。

この仕事をするためには健康でいなければならない、この子が一人前になるまで健康でいたい、というように何か目的があってそのために健康をと願うのは自然ですが、健康でいるために常住坐臥（じょうじゅうざが）すべて健康第一に生活するのは、いかがなものでしょうか。

誰かの役に立ちたい、という意識

例えば80代、90代でも何か人の役に立つために、何か良いことをするために健康でいようと思うことが、充実して生きることにつながります。高齢男女も忙しい若い人の育児や家事を少し手伝うとか地域の世話をするなど、働く場はたくさんあります。

人に迷惑をかけないで人の世話にならないで生きる、気ままに自分が好きなことをして生きる、それが人生の目的ではないはずです。長く生きている間にいろんな人のお世話になっています。その人たちに十分な恩返しはできなくてもおよばずながら自分も誰かの役に立とう、誰かを世話しようと思うことが、より良い不老長寿社会につながるのではないでしょうか。

地方で高齢期を送るという選択

かつて日本創成会議という団体が「高齢者は地方移住を」という提言を出しました。このグループは、その前にも少子化で全国の896の自治体を消滅可能性都市と指摘して大きな議論を呼びましたが、今回は首都圏で急速に進む高齢化と介護需要の大きさに注意を喚起しました。

高度経済成長時代に大都市圏に流入した若者が、そこで結婚し子を産み子育てをしたため、日本の人口は大都市に集中しました。その世代が今70代を迎え、今後10年で後期高齢者が都市部で175万人も増えます。首都圏ではその膨大な介護医療需要に応えることができないという問題提起です。

私はこの提言は問題提起としては非常に意義があると思います。また高齢者の地方への移住は住居、介護、医療などの需要を生み、消費も増やすので、地方も一概に拒否しないことを期待します。しかし介護を受けるステージになって地方の介護余力のある地域に移住しようというのは非現実的です。介護を必要とする前に健康なうちから高齢期の過ごし方、住むところを現実的に考えなければならないと思います。コロナがもたらした社会変革の一つはリモートワーク、在宅勤務です。毎日通勤するのでなく週1～2回なら、地方に住むことができます。

介護移住を考えるなら元気なうちに

まずは介護を必要とする前に、元気なうちに高齢者が地方と交流することです。交流というと短期の観光を思い浮かべますが、もう少し長く、1か月でも3か月でも半年でも中期的な滞在を増やします。高齢者がいきなり長期移住、定住するのではなく、中期的な滞在が第一段階です。そのためには仕掛けが必要です。その仕組みがなければ高齢者は住み慣れた都市圏から移動しようとはしません。子供たちに自分の経験を伝えたい、2～3年農業をしてみたい、焼き物をしてみたい、あるいは大学で勉強してみたい、と願う高齢者はたくさんいますが、現在はその受け皿がなくて踏み出せない高齢者が多いのです。ぜひそういう人を受け入れる民間団体・NPO・社会的企業が、空き家を貸し出す、遊休農地を貸し出す、車を貸し出す、地域の人と交流する機会を作るなどの世話をして、受け皿を作ることが必要です。そうした仕掛けがなければ、その地方の出身者でも帰れません。ましてや縁のない高齢者を地域に呼び込むことは不可能でしょう。

働き、趣味を追求できる選択肢があれば

高齢者の興味と関心を引くために、魅力的なイベントをするのは一つのアイデアです。お祭りや博覧会でなく、囲碁・将棋のまちづくり、漫画のまちづくり、映画のまちづくり、それぞれのコンペ、フェスティバルなどを開催してその分野に興味のある高齢者を呼び込むことが考えられます。それでその土地に親しみをもってもらい、イベントをきっかけにして、その技を磨き、仲間と出会うために中期滞在してもらう。その間はもちろん自費で滞在してもらうので、収入を得る機会があればさらによいでしょう。週休3日、1日6時間労働など働く機会を地方の公立学校、農業法人、介護福祉施設などが提供し、幾ばくかの収入が確保できればその土地に長く滞在したいと願う人は多いに違いありません。

短時間労働、任期付契約など非正規社員は若者にとっては不安定で教育訓練を受けることができない不利な働き方ですが、高齢者にとっては多様な選択肢の一つになり得ます。また体調を崩したときに受け入れてくれる医療介護施設があるのは高齢者にとってセーフティネットとなります。医療介護施設が充実しているのに加えて、働く機会、趣味を追求する機会が多いところに移住したい人は多いはずです。

そのためには短い期間補助金を支給するより、持続的なシステム変更が必要です。例えば医療保険、介護保険を、そうした高齢者のケアを受け入れた市町村ではなく、その高齢者が長年住民税や介護保険料を納めてきた送り出し市町村が期間に応じて負担する。

20世紀においては高速道路建設などの公共事業や工場誘致が中央の資金を地方へ流すパイプとして大きな役割を果たしました。そうした建設に携わる人たちの雇用を生みました。21世紀の高齢化社会においては、介護、医療、福祉などが中央の公的資金を地方に流すパイプとして大きな役割を果たすことが予想されます。その分野での雇用が生まれるでしょう。介護のインフラが整えられた上で、どこでどう過ごすか選択できることを期待します。

自由と責任が徹底していたオーストリアの老人ホーム

オーストリアのインスブルックの有料老人ホームを訪問して、彼らと日本の文化の差を痛感させられました。インスブルックはアルプスの山々を望む高級リゾート地で、そこに建つ老人ホームも費用は高いですが、すべて個室、入居者３人につき２人もスタッフがおり、外出や介護も入居者のリクエストに応えて付き添ってくれます。食事も普通食、介護食、流動食といろんな選択肢の中から選べます。

驚いたのは、入居者が望めばお酒もたばこも甘いものも与えるということです。「体に悪いことは十分伝えてある、それでも飲みたいのなら自己責任でお好きなだけどうぞ」ということです。高齢者の中には認知症などで判断力が衰えた人がいるのではないかと聞くと、そういう人は自己責任能力がないと専門家が判定し保護される、判定されていない高齢者は食べ物に限らず当人の自己決定権を尊重するということです。上野千鶴子さんが『在宅ひとり死のススメ』で自宅で最期まで過ごそうと力説しているのも、日本では高齢者の自己決定ができる施設が少ないからです。

自分の意思で選択し、責任を負う

もちろん高齢者だけではなく、人生のあらゆるステージで自己決定権が尊重されるので、その権利をどう行使するかの訓練・習慣が人々の身についているのです。レストランでのサラダドレッシング、肉の焼き加減の決定、雇用条件、病気の治療法、大学での履修科目、あらゆる場面で多くの選択肢が用意され、その中から自分の意思で選択をするのです。情報は嘘偽りなく、供給側はしっかり提供しなければなりませんが、選ぶのは本人の意思次第であり、結果責任は本人が負います。

日本ではこうした多様な選択肢から、自分の責任で選択するのに慣れていません。自分で選択する責任から逃れて「適当に見繕ってよ」とか、「他の人と同じでいいです」ということになりがちです。規制緩和でたくさんの業者が参入して選択肢が増えることは歓迎されず、前もって高い基準をしっかり決め、悪い業者が紛れ込まないように行政が監督する方式が好まれます。何かの事故や問題が起こったら、それは監督する側の手落ち、手抜かりとして責められます。

それは文化の差で私たちはそういう社会を是としており、安心安全だと思っています。善悪の問題ではないし、どちらが進んでいてどちらが遅れているか比較すべきでもありません。だから私たちの社会では規制緩和、自由競争はあまり歓迎されません。その代わりに思いやり、気遣い、以心伝心の察し、長期的な人間関係が重視されます。うっとうしいところもありますが、厳しくない。どちらもそれぞれの長所があります。

グローバル人材に必要な資質

しかし問題はこうした日本的価値観と欧米的な自己責任がぶつかる場面であり、それがグローバル化の中でどんどん増えていることです。グローバルな場面では公正なルールの下で、明確な意思表示、選択、それに伴う責任を引き受けることが必要です。遠慮して自分はどうでもいい、みんなの意見に従います、と言って自分の意見を表明しないと、馬鹿か、ずるいかと思われます。決して我慢強い立派な人だとは評価されません。一方、日本社会で選択の自由、自己決定、自己責任と言っていると冷たい利己主義者だと嫌われて敬遠されます。

グローバル人材の養成が大事だとよく言われますが、グローバル人材に必要な資質は実は語学ができるかどうかより、この差を理解して使い分け、どちらにも適応できるかどうかです。こうした能力は教えて身につくものではなく、実地に経験し、失敗しながら身につけるものですから、急には身につきません。若いころからの環境が大事です。

オーストラリアの高齢化社会デザイン

高齢化社会政策というと北欧のような高福祉・高負担の政府責任型か、アメリカのような低負担・低福祉の自主努力型か、の二つのどちらがよいかと議論になることが多いですが、共助や自助努力を促しつつ政府も関与するというオーストラリアの行き方も大いに参考になります。

オーストラリアのユニークな社会保障制度

オーストラリアの福祉サービスは元気な高齢者を中心とするボランティアが話し相手や散歩の付き添い、買い物の代行、車での外出補助など広い範囲の福祉活動に関わります。福祉施設で音楽や手芸を教えたり、トランプの相手を務めるようなボランティアもあります。教会や地域職能団体などがいくつもプログラムを企画し、高齢者に参加を呼びかけ、活発に活動しています。看護や身体介護のような専門性の高いサービスは有給の職員が担います。日本では2018年度に介護報酬の改定が行われましたが、生活支援の効率化への取り組みが中途半端に終わりました。介護保険制度を持続的に機能させようとするなら、こうした生活支援はオーストラリアのように家族・親族あるいは市場サービスに任せ、専門性の高い介護・看護を介護保険がカバーするようにすべきです。

年金制度もユニークです。日本の年金は政府が運用し、給付に責任をもつ仕組みですが、オーストラリアは運用に民間の知恵を活用します。

オーストラリアの公的年金は日本と同じく2階建てです。1階は税金を原資とするage pension（老齢年金）で、保険料の負担はありません。しかし、一定の資産や収入のある人は受け取れず、厳格な資産調査があります。金額も少なく最低所得保障という色彩が強いので、日本の生活保護と似ています。ユニークなのは2階にあたる事業主の強制拠出と被用者や自営業者の任意拠出によるスーパーアニュエーションです。

労使の拠出金に対しては税控除が行われ国からの補助金も出ます。事業主拠出は給料の9・5%、個人はそれに上乗せとして任意の積み立てをします。65歳になると年金や一時金として引き出すことができます。

日本と大いに違うのは運用する機関を被用者が選ぶことです。企業ファンド、産業分野別ファンドのほか、金融機関の提供するリテールファンドなどが運用を担います。ファンドにはいろいろな種類があり、運用成績はマイナスのものから2桁までかなり差が大きいので、給付される年金もかなり違ってきます。どのファンドで運用するかは被用者が指定し、毎年変更することもできます。選択の自由はありますが、失敗しても自己責任で政府は責任をもちません。政府は適正にファンドが運用されているか監督するだけです。これは公的年金というより強制貯蓄といえます。

この自助努力型の年金自体なかなかユニークですが、注目してほしいのは将来の高齢者の増大を見据えしっかり対策を講じていることです。老齢年金は支給開始が65歳でしたが、段階的に引き上げられて2017年から67歳になり、繰り下げ受給の促進などで就労を促進しています。スーパーアニュエーションの雇用主の強制拠出も9%

から12％に上げられ、保全年齢を引き上げ、一時金でなく年金での受給を促進しようとしています。

年金は、できるだけ長く働いた後に受給すべき

日本もできるだけ長く働き年金を繰り下げ受給することを奨励すべきなのに対応が遅れ、もう団塊世代も70代になってしまいました。オーストラリアは移民を受け入れ続けていることもありまだ若い人口の多い国ですが、長寿国日本が高福祉・低負担で国債を出し続けて年金水準を維持しようとしているのと対照的に、将来高齢者も働く社会への制度設計変更を進めています。

私たちが人生１００年時代を生きるには、安定した経済、安定した社会保障が何より大事です。目先の利益を求めて社会保障の切り下げ反対、給付を上げろと叫んでいるだけでなく、長期的に安定的に運用するためにどうすべきか。高齢者が働くことを促進する制度が必要です。それを考えて制度改正を重ね手を打っているオーストラリアの社会保障制度は、手本として参考にしたいものです。

「お一人様」の社会

国立社会保障・人口問題研究所の予測によれば、単身世帯が２０４０年には全世帯のほぼ４割に達するそうです。65歳以上の高齢者が世帯主の世帯も44％と全体の半数に迫ると推計されています。１９６０年代から80年代にかけて、それまでの３世代、４世代が同居する伝統型の家族から夫婦と未婚の子供からなる核家族化が進みました。21世紀に進行しているのはその核家族がさらに分裂する素粒子家族化です。それに少子高齢化が重なるので高齢お一人様が増えていきます。

男性の生涯未婚率はすでに24％ですが、女性の変化、家族の変化、社会の変化についていけず古い結婚観、女性観をもったままの男性は単身高齢者へ移行していきます。

この現実を困ったと言っているだけでなく、心ならずも結婚できない単身者の増加をどう緩やかにするか、単身者の生活をいかに支えるか配慮した社会のありようを設計しなければならなくなっています。

お互いのライフスタイルが異なるので子供と同居はむつかしいですが、近くに住みやわらかく助け合う。特に女性がフルタイムの仕事をもつのが当たり前になってくると、祖父母の近くに住み、子供の育児・教育を60代、70代の祖父母が分担する、親が80代、90代になって弱ったら子供がやわらかくサポートする、という新しい家族の形が増えていくと予想されます。

アメリカでは親と子は離れて住んでいますが、カソリック系のヨーロッパでは近くに住み孫の育児・教育を手伝っている親が多いように、欧米といっても国によってライフスタイルは異なります。

家族がいなくても在宅で介護生活を送れるか

社会制度としても、例えば介護保険の在宅介護は介護する家族がいることを前提にその介護者の負担を軽くしようという考えが根底にありますが、今や介護してくれる家族がいない高齢者が一人、在宅で生活するのを援助するにはどうすればよいかと考えなければなりません。相続も子供がいなければ親、兄弟、甥・姪と相続権は親族の中で分割され伝達されていくことになっていますが、二親等以内の親族か、生前養子にした人がいなければ、国庫に財産を返還する（それによって相続により細分化され利用されない土地の増大を防ぐことができます）。あるいは高齢期に子供が近くにおらず、一人で暮らしている人の借家の保証人や身元引受人、病院の付き添い、生活保護の手続きなどをサポートするサービスへの需要が増えています。若い人たちが少なくなる中でワンルームマンションは需要が少なくなるので、高齢者サービス付き住宅に変更するのも一つの対応策です。今は若者に多いシェアハウスなども、中高齢者によるものも考えられます。お惣菜や食材も単身者向けの少量パックがもっと多くなり、パック旅行も単身者を対象としたものを増やすなど、単身高齢者を対象とした商品サービスを増やさなければなりません。

いざというときに助けを求める力

このように単身で暮らす高齢者が増えてくると、一人ひとりの高齢者にも求援力、受援力が必要になります。求援力とは普段は自力で生活しているにしても、自分の力を超える場合は周囲や公的機関に助けを的確に求めることができる力です。そのためには行政やＮＰＯなどいざというときに助けてくれる機関について知っている、いざというときに助けを求めることができる友人や親族がいる、自分の状況や何を求めているのか的確に伝えるコミュニケーション能力があることも必要です。受援力というのは、その際に差し伸べられる援助を感謝して受け取り活用できる力です。

男女とも人生１００年時代を基本的には一人で暮らすが、いざというときは助けを得られる、それを可能とする新しい生活のスタイルを作らなければならない日がすぐそこに来ています。

高齢期を充実させるための医療

医者へ行くと少ない場合でも2～3種類の薬が処方されます。多いときは7～8種類になります。

風邪でも解熱剤、消炎剤、去痰剤、ちょっと関節が痛いと鎮痛剤が加わり、胃を荒らさないように健胃剤なども加わります。風邪の症状が治まるとこうした薬は捨てられてしまいます。

高齢者の慢性病になるともっともっと薬の種類も量も増えます。処方された薬のうち飲まれないで廃棄されている処方薬は、年に500億円ともいわれます。42兆2000億円の医療費全体に比べ微々たるものかもしれませんが、もったいない話です。経済的にもったいないだけでなく、必要でない薬は身体に負担を与えます。

Ｃ型肝炎など不治とされた病気も、医学の進歩で薬で治るようになってきたのは大変よいことです。オプジーボという薬もある種の肺がんには効果をあげます。しかしどちらの薬も大変高額です。また80歳以上の方々の調剤費は全世代のそれの23％を占めています。

どんな医療を受けたいか表明しておく

日本は国民皆保険、どんな病気やケガも医療保険でカバーされ、どのような医療機関を受診するかの自由も保証されています。約９万円以上の高額医療費は自己負担しなくてもよいという制度もあります。オバマケアにも反対が多いアメリカなどに比べ世界に誇れる医療保険ですが、その負担は若い人にかかっていきます。この優れたシステムを高齢化の中で維持していくにはどうすればよいのでしょう。

お金がない人も最高の医療を受けられるようにしなければならない、どんな命でもすべて最善を尽くして守らなければならない、薬はたくさんもらったほうが安心だ、亡くなるまですべての人が最高の医療を受けるべきだ、すべての人により良い医療を十分に、という考え方で日本の医療保険システムは構築されています。しかし今のまま赤字を税金や国債で補塡しながら運営していくことは困難です。おそらく北欧のように消費税25％、というように国民負担率を高めるか、高額医療費の上限を１００万円程度にするか、高額薬は保険でカバーしないで自費診療にするか、いろいろな改革が必要です。しかしそのいずれも大反対が予想され合意できないか、合意まで長い時間がかかるに違いありません。

一番現実的なのは私たちが70歳なり80歳なり、すべての国民が一定の年齢になったら、考えがしっかりしているうちにどのような医療を受けたいか、表明しておくことではないでしょうか。緩和ケアはしてほしい、しかし副作用があり得る大手術や抗がん剤治療は望まないとか、回復の見込みがなければ胃ろうなど延命措置を続けるのはやめてほしい、などなど。コロナまん延の中でも重症者向けの人工心肺やエクモが足りないことが問題になりました。私は限られた医療資源は、若い人に譲るべきだと思っています。船が難破するときは、救命ボートは女性と子供を優先する考えを医療にも当てはめましょう。

家族や医者には決められない

80歳を過ぎてもがんや心臓の手術を受けて長生きする方がおられるから、一律に年齢で線引きはできません。しかし、自分だったらどうしてほしいだろうと考えてみると、自分が認知症になったらとことん医療をしなくてもよいという方も少なくないでしょう。これは他人が決めることではなくて自分で決めることです。家族や医者にそこまで決めてもらうのは無理です。相手の精神的な負担が大きすぎますし、自分の医療や生死についての判断は、自分で決定したほうがよいでしょう。

70歳、80歳になったら自分がどのような医療を望むか表明しなければならないことにしたらどうでしょう。そうすれば、とかく目をそらしがちな自分の死について考えざるを得なくなります。自分がどのように生きたいか、死にたいか、考えることは高齢期の生活を充実させるためにも必要です。

自分の人生をいかに受け入れ、いかに死ぬか

冬型の気圧配置になり、北陸の雪が報道される時期に思い出す私の原風景の一つが寒修行の鈴の音(ね)です。黄昏(たそがれ)の蒼い闇の中、白く降りつもった雪を踏みしめて一軒一軒托鉢して回るお坊さんは、曹洞宗の龍光寺の住職の関大徹(せきだいてつ)師（後に福井県吉峰寺住職）でした。当時私は龍光寺におかれた保育園に通っており、道元さまの話を聞いたり、お釈迦さまの話を聞いた記憶があります。

お寺はかつて生活に密着していた

家は浄土真宗で特に私の母方の祖母は敬虔な信者で、毎日仏壇に灯明を上げ、門徒として寺に始終出入りし、ご住職の法話を聞き、家で報恩講を催すなど仏教が深く結

びついた生活を送っていました。祖母に限らずお寺は高齢の女性の集会場であり、社交場であり、住職さんは身近な悩みの聞き手、相談相手であり、青少年指導者でもありました。関大徹師もそのような仏教者で、宗派は違っても地域の人の尊敬を集めていました。

残念ながら今の大都市近郊で暮らす私たちにとってお寺は縁遠く、京都、奈良、鎌倉のような名所旧跡を訪れるか、お葬式のときに集まるだけです。本来仏教はとても深遠な哲学で、現代のように欲望を肯定し、欲望の達成に皆が目の色を変えている時代にこそ煩悩からの解脱、欲望を超越することが重要だと人生をより良く生きる上で別の価値観を示してくれる教えですが、ほとんど語られません。

キリスト教も2000年にわたって世界の人々の心のよりどころとして機能してきました。今もカソリックはバチカンを頂点に大きな影響力を世界の政治、社会に与えていますし、アメリカではプロテスタントの倫理が今も息づいており、ロシアでもギリシャ正教に人々が回帰しています。イスラム教は中近東からアジア、アフリカの国々で深く信仰されており人々の暮らしのよりどころとなっているだけでなく、政治も社会もイスラム教の影響のもとに動いています。何十億もの人が教会やモスクで祈り、自分の行動や考えを反省し、貧しい人や苦しんでいる人の救済に取り組んでいます。

日本の自然観、宗教観が意味をもつ時代に

その中で日本人は宗教と無縁な生活を送っており、仏教だけでなく、キリスト教の信者も韓国などに比べても極めて少なく、新宗教（多くは仏教系、神道系です）を含めても宗教を信じている人は少数派にとどまっています。公教育の場では宗教は触れられず、青少年はほとんど宗教について知らないままに育ちます。そのためかつてオウム真理教のような邪教に惑わされる若い人も出たのでしょう。

高齢化社会を迎えて多くの人がこれから自分の人生の意味を問い、老、病、死に臨んで自分の人生をいかに受け入れ、いかに死ぬかを考えるようになります。そのときに私の原風景にあるような仏教に回帰するか、あるいはキリスト教か。最近、私の知人の弁護士さんがユダヤ教に入信し周囲を驚かせましたが、山川草木すべてに仏性を

認め、寛容を説く仏教は日本の自然観、宗教観が、環境の保全が求められ共生が必要な21世紀には新たな意味をもつに違いありません。

アメリカのシリコンバレーの経営者が禅に起源をもつマインドフルネスに親しんでいるように、これから日本でも宗教の影響が大きくなってくるのではないかと思います。

第5章

社会とつながる

仕事とボランティアを続ける

ピースボートに1週間乗って

コロナ以前にご縁があってピースボートというクルーズに1週間ほど乗る機会がありました。１００日間ほどで世界一周をするクルーズです。船内で講演する機会を与えていただき、乗船しました。

私はこの船に対して「自分探しをしている若者たちの船」というイメージをもっていましたが、予想とまったく異なりました。乗客の大半は60代〜70代の元気なシニア。80代の人もちらほらいますが、20代〜30代の若い乗客はほとんどいません。一方、事務局や世話役として、添乗員として、英語の通訳などとして乗り込んでいるスタッフは若い人が多く、半ばボランティアとしてきびきびと働いています。

乗客の3分の2近くが女性

欧米では船旅は夫婦で楽しむというのが普通ですが、日本のこの船は7割以上がシングルだそうです。友達同士で相部屋というケースもありますが、まったく一人で乗っている人も多くいます。ご夫婦で乗っている人は3割以下の少数派というのは実に日本的だと感心しました。しかも乗客のうち女性が3分の2近くを占めています。看護師さんや勤務医、教員、公務員、正社員の会社員などの仕事をしてきた女性が、退職後に乗っているのです。こういう働き方をしてきた女性は退職金も年金もあるので、現在の日本では経済的には恵まれた女性シニアの方々です。100日間で世界一周、料金は部屋の種類により異なりますが約150万円からで、全宿泊込3食付というのはかなり合理的な金額です。停泊した港からは近くの観光名所や都市へのツアーもあるのですがそれはオプションなので、参加してもしなくても自由です。船内にはいくつかの食堂があり、それぞれ豪華ではないけれどヘルシーな野菜中心の食事が提供されています。朝から太極拳、ヨガ、ノルディックウォーキングなどの健康系のプログラムも充実しているので、そうした活動に参加し間食をしなければ、乗船中にスリムになれると喜んでいる人もいます。

健康系のプログラムだけでなく、英語学習、環境問題などを学ぶコースや、社交ダンスなどもあります。特長的なのは、囲碁、将棋、水彩画、折り紙、写真など、乗客が先生になって教える自主クラスです。それぞれかなりの腕前の人がたくさんいるらしく、そうした活動に参加していると、長い船旅も退屈する暇がありません。とはいえ、船内では普通のテレビは映らないし、携帯電話も通じません。日本の日常生活とはかなり異なる生活空間です。それを楽しめる人はすっかりファンになって繰り返し乗りますが、もちろん1回限りの人もいます。中には80代で3回目という人もいました。

高齢化が進む中で健康で意欲的で経済的にもゆとりのあるシニアを主たる乗客として、「シニアが自主活動をするクルーズ」という新しい中高齢期の生き方を提案しています。

新しい出会いの中で社会的課題を学ぶ

一方でこれだけ高学歴で経験豊かな人たちが、今の日本では60歳や65歳という年齢で退職し活躍する機会を提供されていないのは、間違っていると憤りも感じました。退職したら世界旅行をしようという自分へのご褒美を楽しみとして乗船した人でも、この船に乗り新しい出会いを経験して、何割かの人は船から下りた後自分たちでＮＰＯを立ち上げたり、ボランティアグループを作ったり、新しいステージに踏み出して活動しているそうです。

豪華船で至れり尽くせりのサービスを受けるのでなく、新しい出会いを楽しみいろいろな社会的課題を学ぶ。その中から人生の新しいステージに踏み出す人もいます。おそらく高齢期の生き方を考え、新しい活動を行うきっかけを提供する場として、会社や行政の講義や研修とは異なる機会となっています。

コロナでクルーズは中止となっていますが、私も仕事から引退したら乗ろうと思っています。

親は子供に社会性を身につけさせる

以前、3人の女子高校生を含む9人の若者が一緒に自殺をしようともちかけられて殺されるという痛ましい事件が起きました。ツイッターで会話を重ね誘い出されて犠牲となった方たちには心からご冥福をお祈りします。

このような事件が起こるたびに、これからの情報化時代を生き抜くには情報リテラシーが必要と痛感します。多種多様な人がつながる情報社会では、思わぬ加害者になったり被害を受けたりすることのないよう、身を守る常識が必要です。

私はそれだけでなく、中高生（もしかしたら小学生も）の親は子供の携帯電話やパソコンのやり取りを見ることができる権利を要求すべきだと思っています。

プライバシーの尊重、個人情報の保護などの権利は一人前の成人になれば、あるいは他人に対しては要求してもよいでしょうが、親に扶養されている未成年の子供たちは親の監護を受けるのは当然です。衣食住だけでなく、携帯電話の購入も電話料も親が負担している以上、子供がどのような友人と情報をやり取りしているか閲覧する権利をもって当然ではないでしょうか。

殺人に巻き込まれるのは異常な事態ですが、日常的にも匿名の相手からのネットいじめ、メールいじめなどで傷ついている子供はたくさんいます。あるいはよからぬ大人の欲望に利用され、ＪＫ（女子高生）ビジネスだの、援助交際、児童買春、児童ポルノなどに引き込まれる子供もいます。それを早く発見し、対策を講じるのは親の権利であり、義務であるといえます。また犯罪に直結しなくとも、フェイスブックやインスタグラムの他人の暮らしぶりに惑わされてはいけないと教えましょう。

さらに言えば小学生のうちから個室を与えられ、しかも鍵をかけて親の立ち入りを許さない、などという子供もいるようですが、それは教育上いかがなものかと思います。

18歳までは、我が家のルールを要求すべし

アメリカの家庭は子供を自由気ままに育てていると誤解している人もいますが、親の家で生活し、親に養ってもらっている間は、親の決めた家族のルールに従うのが基本です。中流家庭では、門限、手伝い、食事時間など親の決めたルールに子供は従います。だから18歳になり大学に進学すると、自由と自立を求めて寮やアパート暮らしを始める子供が多いのです。

日本でも18歳までは親は子供を扶養し保護する義務があるのですから、親の決めた我が家のルールに従えと要求してよいのではないでしょうか。勉強に集中するために個室が必要だと言うかもしれませんが、図書館やラーニングコモンズ（大学図書館内に設けられた学習支援のための施設、空間）のように人の気配がある場所でも勉強はできます。ＰＣゲームやメールをしているかもしれないから、親がチェックするのは当然です。個室というプライベートな空間にこもって、パブリックな場で振る舞うマナーも身についていないまま大人になると、社会性がなくなってしまいます。あるいは引きこもりなどとなって、他人や社会と付き合えなくなってしまうこともあります。

打たれ強い若者を育てる責務

親は思春期の子供をはれ物に触るように扱うのではなく、もっと掃除や食事の支度のような家事の分担をさせ、親の意見に耳を傾けさせ（嫌がるなら反論して説得し）、社会人として通用するマナーや礼儀を身につけさせなければなりません。そうでないと少子化の中で数が減っている子供たちが、甘やかされ、挫折に弱く、仕事もがんばらず、他人とコミュニケーションもとれない若者になってしまいます。

その第一歩として未成年の子供の携帯電話は親がパスワードをもって閲覧可能にするというルール作りから始めなければならないと思います。それだけでいじめや自殺願望がなくなるわけではないでしょうが、親の監護の権利と義務を明らかにする第一歩になります。

親が仕事に忙しく子供と十分コミュニケーションをとる時間がとれないならば、祖父母の出番です。「昔のことを今さらもちだしても」と遠慮しすぎないで、押しつけがましくならないように、しかし、社会生活の知恵やマナーについて知識だけでも伝えましょう。

子供が親や学校だけでなく、祖父母や地域の人などいろんな年齢の、いろんな職業や人生の異なる経験をもつ人と話す機会があるのは子供の世界観を広げ、社会を見る視点を増やすことになります。

「キョウヨウ」「キョウイク」で若々しく

教養や教育に劣らず、人生を充実させるのが「キョウヨウ」と「キョウイク」です。「キョウヨウ」とは、今日も用事があること。「キョウイク」とは、今日も行くところがあること。それも、誰かに頼まれたり誰かから誘われてではなく「自分から積極的に動いて社会と関わる」、そんな意欲が、あなた自身を成長させ、毎日に充実感をもたらします。

小さな行動のあるなしがやがては大きな差に

若いころできなかったこと、学びたい分野があったけれど、忙しくてあきらめた方は、子育てや仕事に一段落ついたらぜひ新たな挑戦をしてください。好きなことをもっと深めたい、得意な能力を発揮したい、趣味や特技を活かしたい方は、ぜひ新たな仕事やボランティアを始めましょう。

もちろん、新しいことをするのにはエネルギーを要します。でも「案ずるより産むが易し」で、とりあえずやってみる勇気があれば、不思議と良い方向にサイクルが回り出します。同じ世界の人間とだけ関わるのではなく、いつもと違う刺激を得られることで、思った以上の喜びや楽しさが味わえます。一歩前へ踏み出しましょう。

ちょこっとボランティアで誰かの助けになる

特に、時間にゆとりのある方におすすめしたいのが、高齢者や子育て世代へのサポート、ボランティアです。もちろん、強制されて行うものではありませんので、無理のない範囲でのちょこっとボランティアで十分です。例えば、高齢者福祉施設での傾聴（お話し相手）、子育て世代のための保育補助などは、特別な資格はなくても、とても喜ばれます。その他、趣味や特技を活かせるものもたくさんあります。とても需要が大きいのは、一人暮らしの高齢者への家事援助です。

実は私も2019年から、都内の公立学校の先生方を応援し、働き方改革を進める「東京学校支援機構」という団体で活動しています。もちろん無給です。ボランティアの方々が手のかかる教材づくりや事務作業、クラブ活動などのコーチを引き受けることで、先生方の負担を軽くし、その分一人ひとりの子供たちに向き合ってもらうのが目的です。

「誰かのために、何かの役に立ちたい」「自分の経験が役に立つかもしれない」。そう思ったら、行動あるのみと声を大きくしたいです。

オーストラリアで感じた生活の中のボランティア

一時期オーストラリアに住んでいたころに、社会の隅々でボランティアが活動し、人々の生活の中にボランティアが組み込まれているのに感動しました。

国際交流といって地方の町に出かけても、一部の人だけが準備に駆け回るのではなく、数多くの人が私は午前中だけ車で案内します、午後は私が世話します、私は夕食だけ世話します、私はその日は出張なので事前の連絡を引き受けます、という調子で仕事を分担します。

できることを、無理せずに

できることをする、無理をしない、というので長続きするのでしょう。その背景には経済的ゆとり、時間的ゆとりに加えて精神的ゆとりが大きくものをいうのです。

しかし日本でも、社会にゆとりができて少しずつこうしたボランティアをする人が増えてきています。中でも女性たちの行動力は目ざましく、私もずいぶん支えてもらいました。

当時「日豪関係――次の世紀に」というシンポジウムを開催したときに、日本舞踊で花をそえてくださった上尾市のOさん、3月に初めての雛祭りレセプションでお茶や生け花を披露してくださった入間市のYさん一行、皆さん手弁当でオーストラリアまで来て一肌ぬいでいただきました。

せっかく来ていただいたのだから、初めから予定していた会だけでなく当地で日本や日本文化を学んでいる人たちがいる大学や高校でも実演してください、という願いも快く聞いてくださいました。

初めて本物の日本舞踊や茶道の実演を見たという若い人からは大きな反響がありました。小学生から日本語を学ぶ人が多いオーストラリアでは日本に対する関心は高いのですが、日本語の先生は不足しており、途中で挫折してしまう生徒も多いので、こうしたボランティアとのふれあいが、学習を持続する励みになったようです。

ボランティアを支える専門職を広げたい

いうまでもなく、こうした仕事も個人の好意だけでなく、もう少し組織的に行えると大きな成果が上がります。ボランティアで海外で活動してもいいという方と、必要としている人を結びつける場があれば、いろいろなことができるはずです。

誰か特定の人にだけ負担が集中するのでなく、無理なく持続できるようにマネージメントを行う。そういえば、この国には、ボランティア・マネージメントという専門職が確立していました。

例えば地域の高齢者センターにボランティアで参加してもらう場合、まず希望者の募集を行い、登録してもらった人たちの、特技、経歴、参加可能時間、曜日などによって分担表を作成します。病院の付き添い、散歩の相手、公的手続き代行から掃除、洗濯、配膳など多くの「仕事」が割り当てられます。

問題はそのあとで、必ず都合の悪い人が出てきます。それをどう別の人でカバーするか、またボランティアを始めた人が途中で嫌気がささないように励ますにはどうするか、飽きないで活動を続けられる企画を提案する、新しい人をどんどん引き込む、運営に必要な資金を調達する、などいろんな仕事をしなければなりません。

ボランティアが活動する社会は、それを支える仕組みがあってこそ持続するのです。

自分たちだけの幸せでなく、人間愛を磨く

グローバル時代を生きる人材というと、国際機関で働くとか海外ビジネスで成功する人というイメージです。例えば、成長するアジアの富裕層をひきつけるサービスを提供する、現地の安い労働力を使って生産して、現地マーケットに日本製品を売り込む、現地で売り上げを伸ばす、という視点で語られがちです。しかしグローバルに生き活躍する人材とは、貧困、戦争、環境破壊などの地球的課題に取り組み、こうした成長から取り残された人を見捨てない、支える活動をする人たちでもあります。

アフガニスタンで井戸を掘りつづけた中村医師のような人や、タイの難民キャンプで、ルワンダの殺戮現場で、生き延びた人たちに助けの手を伸ばす人たち、ボスニアで組織的集団強姦の犠牲となった女性たちを支える人たちがいます。それは苦労の多

い仕事ですが、苦しんでいる人の役に立つだけでなく、手を差し伸べている側の人たちにも考えを深め、人間として成長する機会を与えます。

お金やものの豊かさで成功を測る私たちの社会や人生観を見直し、本当の意味での人間愛とは何か考えさせられます。残念ながらそうした現場で働いている日本人は少なく、北欧やカナダなどの人の活躍が目につきます。

地球規模の課題に目を向ける

もちろん日本の国内にも貧困や障がいに苦しみ助けを必要としている人たちがいます。その人たちを助けるのが先だという考えの人もいるでしょう。しかし世界に目を転じると、日本国内の「格差」が生易しく見えるほどのすさまじい飢餓や貧困が存在します。貧困をもたらしている戦争や民族紛争、環境破壊、医療水準の低さ、教育水準の低さ、人口爆発、女児や女性への暴力や虐待などの問題が存在します。個人の善意だけではとても解決できない大きな問題です。こうした課題に対して日本人は「自分とは関わりのない他人事」と思っています。同じ宇宙船地球号に乗り合わせた仲間としてなどと言うとありきたりの表現ですが、こうした課題を放置しておくとそれは私たちへも返ってきます。現実に同時代に生きる人々が絶望的な貧困の中からテロに走り、戦争や殺戮を支持し実行しています。増えすぎた人口が難民化し、原生林やサバンナは開発されて砂漠化し、食糧問題、領土問題を引き起こしています。国内で自分たちだけで「地球に優しく」などと言っている間に、各地で環境問題も深刻化していきます。若い人たちにはこの全体像を理解してほしいものです。

相手国の人々にとって、なくてはならない人

本当の意味でのグローバルに通用する人とは、相手の国の人たちを利用する人ではなくてその国に貢献し、人々の暮らしをよくする上で、なくてはならぬ人となり、感謝される人です。世界をまたにかけて金儲けをする人、贅沢な暮らしをする人ではありません。

中国は今大変な勢いで成長し、中国相手のビジネスで成功しようという人たちが進出しています。そこでも「水を飲むときは井戸を掘った人を忘れない」と、中国の発

展の礎(いしずえ)を築くことに貢献した日本人たちは今でも感謝されています。個人でも企業でも社会でも、つらいときに助けてもらった人は感謝され、尊敬されます。グローバルに通用するには、知識やスキルだけでなく失敗しても立ちあがるタフさや人間としての魅力が必要です。

日本はこの半世紀の間に経済的に豊かになりましたが、自分たちの豊かさを追求することに汲々としているうちに、チャレンジを忘れ若い世代を甘やかしてしまいました。日本の新しい目標として「グローバルな発展を支えること」をあげなくてはなりません。

日本人の享受している便利で清潔で安全な暮らしを世界の人々が楽しめるように、教育や医療の水準を上げるように協力する、グローバルな社会課題を解決するために働ける人材こそグローバルな人材といえるのではないでしょうか。

社会のニーズを把握し、賢く資格を取得

女性は資格を取るのが好きだといわれます。茶道、華道の免許から着付けやフラワーアレンジメント、漢検、英検、ＴＯＥＩＣまで、いろんな資格を取るために勉強します。もちろん男性も資格のための勉強をしますが、その多くは仕事に直結する分野です。職場で管理職に昇進するためにはＴＯＥＩＣ７００点が必要だとか、不動産部門に異動になるから不動産鑑定士の資格を取るというように。

それに比べ女性の場合は将来現実に役に立つかどうかわからないけれど、とりあえず資格を取っておけば役に立つことがあるかもしれない、と現在の仕事に直接役に立たなくてもまじめに勉強し資格を取る人が比較的多いようです。大学でも女子学生には医師、薬剤師、看護師、教員資格、管理栄養士、社会福祉士、臨床心理士、保育士

などの資格を取る学科が人気です。

今までの日本的な職場慣行では男性は定年まで一つの組織で働くことが前提で、職場で必要なスキルや能力は職場が教育訓練してくれました。その職場の中で勤続し仲間として受けいれられ、評価されることが、資格取得より重要でした。しかし女性は結婚、出産、育児で仕事を離れることが多く、定年まで一つの職場で勤め続ける女性は少ないので、職場ではしっかり教育されませんでした。そして女性が退職して5年、10年後に育児が一段落して再就職しようとするときに役に立つのは資格でした。例えば50代の女性は、一般事務職では就職口がなくても、看護師や薬剤師の資格があれば働くことができます。

どんな資格でもいいわけではない

組織の中で生きる男性と、組織と距離を置いて生きざるを得ない女性の立場が、資格に対する姿勢の差を生んでいたといえます。

しかし資格の中には各種各様の民間の資格があります。国家資格の多くは勉強すべきことが厳密にカリキュラムに組まれ、それを履修した上で国家試験に合格して認められるものが多いのですが、民間の資格の中には試験を受けるだけというものもたくさんあります。民間団体でもしっかりしているところが認定する資格は信用があり、社会で通用します。語学関係の資格は、英検もＴＯＥＩＣも民間団体が認定する資格です。国家資格ではありません。

受講料を払って講習を受けることを義務づけているもの、通信教育で高額の教材を売るものなど、中には「サムライ商法」といわれるようないかがわしいものもあります。多額のお金をつぎ込んで資格を取っても、社会で評価されないものやすでに社会のニーズがなくなってしまったものもあります。

一般にはお茶やお花など趣味関係の資格はもっていても仕事にはなかなか結びつきません。練習の励み、進歩の目安と割り切ることが必要です。一方、デジタルセキュリティやデータサイエンスなど、情報社会においてニーズが高いのに有資格者が足りなくて引っ張りだこの資格もあります。また、大学院を修了し国家試験に合格して得られる資格をもっていてもなかなか常勤の職がない臨床心理士のような資格もあります。

言語聴覚士が注目される理由

例えば今注目されるのは言語聴覚士です。これは脳梗塞や事故で言語能力を失った人のリハビリを担当する専門職です。作業療法士や理学療法士は手足、身体の機能の回復を助けますが、言語療法士は言葉の回復を助ける仕事をする国家資格です。しかし、まだ認知度は高くありません。高齢者だけでなく、難聴の子供の訓練など活躍の場は広く、ニーズは大きいものがあります。広く知られていないので、勉強する人も少ない資格といえます。

女性も資格さえ取っておけば何かの役に立つだろうとむやみやたらに資格を取るのでなく、しっかり社会のニーズを把握して対応する賢さが求められています。

女性のアイデアが、元気な地域社会を作る

日本の少子高齢化はいよいよ本格化し始めました。２０２０年に生まれた子供は84万１０００人、65歳以上の高齢者は３６１７万人、総人口は前年から29万人減りました。これは何年も前から予測されてきたとおりです。子育て施策のテコ入れと、高齢者の就労機会の整備を急がなければなりません。わかってはいるけれど、合意を得るのが難しく効果をあげるほどには大きく舵をきれないなどと悠長なことを言っている時間はありません。

女性が働きながら子育てをできるように保育所の拡充と育児休業の整備を急ぐ、年金支給開始年齢を70歳に引き上げる代わりに就労を保証する、高齢者医療費を特別軽減から本来の負担に戻す。少しずつは進んでいますが、スピードは遅いものがありま

す。わかっているのにもたもたしているうちに、財政赤字は耐えがたいものになりました。金融の大幅緩和と相まって、円安、物価上昇、ハイパーインフレがそこまできているのではないか心配です。

自分の足元からできることを、ささやかに

しかし私たち個人はいくらマクロの財政金融政策について心配しても影響を与えることができません。悲観ばかりしていないで自分の足元からできることをささやかにやっていくよりほかはありません。

私事ですが、父の妹である叔母が亡くなり、その夫も2年前に亡くなっており、子供がいないので私が横浜市青葉区にある一戸建ての家を相続しました。売り払って現金にするという選択肢もありましたが、30年以上そこに住みその家と地域を愛していた叔父、叔母の記念にその家を地域の福祉に役立つ施設として使っていただく方法はないかと思案していたところ、さいわい地域で子育て、高齢者支援をしているＮＰＯによって「みんなのいえ　わたせハウス」として活用してくださることになりました。

小規模な家庭的保育、高齢者のデイサービス事業に加えて、近所の人にお昼やお茶のできる場を提供する複合施設です。

そのNPOは理事長も施設長も、保育、高齢者福祉、料理のスタッフもすべて50〜60代を中心とした女性です。このように、今までの企業活動の経験から、意欲と能力もあり、時間もエネルギーも志もある女性たちがこれからの社会で必要な分野の活動に乗り出しています。

もちろん彼女たちは大儲けしてビジネスを発展させようとは考えていませんが、介護保険や自治体からの補助と利用者の料金で持続的に運営し、働く人たちもそこそこの報酬は得るというビジネスモデルです。まさしく「社会的企業」の実践例です。ベンチャーというと若いビジネスパーソンを思いうかべますが、これは中高齢女性のベンチャーです。

空き家を活用し、社会的ビジネスを

私の例に限らずこれからあらゆる地方で、高齢者が住んでいた家が空き家となるでしょう。

相続人は都会に住み、地域の人口が減っているので家の買い手もいない。空き家はどんどん増えています。耕作放棄地が増えていますが、その半分近くは相続したけれど農業はしないという土地持ち非農家が所有者だといいます。残された家も居住放棄住宅になります。

そうした資産をどのように活用していくか、私は暗い未来を思いがちでしたが、身近な成功例で新しい展望が開けました。高齢者のグループホームでも、留学生のシェアハウスにしても、ビジネスにしようと思うと空き家活用は手間暇ばかりかかってもうからない事業になるのでしょうが、志をもって動いてくれる人たちがいれば空き家もいろんな活動の拠点として活用していくことができるのです。それができるのはまだ元気で能力も経験もある女性たちだという思いを深くしました。既成の概念にとらわれず、元気な地域を作るのは今までの社会で所を得なかった女性たちだと期待します。

元気な高齢者が里親として活躍するのもいい

生殖医療が発達した今日でもいろいろな理由によって子供が授からない夫婦はいますが、不妊治療は精神的にも肉体的にも経済的にも過酷です。政府の補助も始まっていますが、それでも負担は大きいようです。私はそうした方たちの自分の子をもちたいという願いは理解できますが、他の選択肢も考えたほうがみんなが幸福になるのではないかと思います。例えば望まない妊娠で生まれてきた子供たちを養子にするとか、あるいは里親として育てることで、子育てに関わるという選択です。

アメリカでは自分の子供を育てている夫婦でも孤児や苦境にある子を養子として育てる人がいます。アップルの創業者で、亡くなった後もファンの多いスティーブ・ジョブズは、未婚の母から生まれたのですが生後間もなく養子に出され、養親に育てられました。私のアメリカ人の友人もシリア難民やアフガン戦争孤児を養子として引き取り育て上げています。世界的にも第二次世界大戦後、孤児院などの大規模な施設で養育される子供の発育上の問題点を指摘したジョン・ボウルビィなどの研究が契機となって、施設養護よりも家庭的保育が子供たちの成長にとって好ましいとされています。

そうした世界的な方向とは逆に、日本では施設での養育が中心となっています。日本では血のつながりを重視する考え方が強いためもあるのでしょうが、未成年の子供を養子にするのは一般的ではなく、手続き上もいろいろな制限があります。むしろ江戸時代のほうが家や家業の存続のため、親類の子を養子とするとか、親の亡くなった子供を親類が引き取って育てることが盛んに行われていました。

親が養育できず、施設で暮らす子供たち

家制度も家業もなくなり親族のきずなが弱まった現在の日本では、親が養育できない子供の多くは乳児院や児童養護施設で育っています。不妊治療をしてでも子供がほしい、子育てに携わりたいという人たちと、この子供たちをつなぐことができればいいのにと思います。

2017年8月、厚生労働省の「新たな社会的養育の在り方に関する検討会」は「新しい社会的養育ビジョン」を公表し、今後里親委託率を3歳未満の子供は5年以内に75%、学童期以降の子供は10年以内に50%にするなどの目標を打ち出しました。これは養護を必要とする児童の80・3%が施設にいる現状を大きく変えようとする画期的なビジョンです。方向としては望ましいのですが、その実現は簡単ではなく越えるべきいろいろな課題があります。

まずは多くの人たちに里親制度について知ってもらうことです。不妊治療をしている人たちもこの制度を知らないし、福祉に関わっている人だけが里親になれると思っている人もたくさんいます。法律上のいろんな権利義務が生じる養子と混同している人もいます。数年でも1年でも短期間でも、普通の家庭を営んでいる人ならばなれますし、十分でないにしても月額8万円程度の里親手当も補助されるということをもっとPRしないと、制度の存在が認知されません。

第二は里親の支援体制です。子育ては楽しいことばかりではなく、いろいろな困難に直面します。実の子供の子育ても思うようにならないことが多いのが現実ですから、親から虐待を受けるなどして心に傷を抱えている子供の養育には専門的な対応も必要になります。

そうした里親の相談に乗り子育ての支援を行う体制が、現在は十分ではありません。児童相談所や養護施設と里親を支援するＮＰＯとの連携が不可欠でしょう。また社会全体としてあるいは地域でも、里親を引き受ける人に対する敬意や支援が十分でないのも問題です。

里親になれる年齢の上限を撤廃

東京都では里親の年齢の上限を撤廃し、下は25歳以上となっています。私は里親制度が元気な高齢者の社会貢献活動となったらいいなとも要望したいと思っています。昔話ではかぐや姫も桃太郎も、血のつながらない優しいお爺さんお婆さんがどこの子かわからない子を育てました。現在の年金を受給している元気な高齢者が、そうした子供たちを社会から預かった孫として世話するのも意義深いのではないでしょうか。

不妊治療をする人ばかりでなく、子供に愛情をもって育てることのできる人が広く社会の子育てに関わる社会になってほしいものです。

60代、70代も働くのが当たり前の時代に

日本は漠然とした先行きの不安や困難を抱えた人もいますが、高い生活水準を誇り、失業率も低く、安全で安心な社会を作り上げました。もちろんそれは現在の高齢者やその前の世代が営々と働いて作り上げたものです。

２０２０年現在、日本の総人口に占める65歳以上人口の割合は28・７％。平均寿命は男性81・41歳、女性87・45歳ですから、個人差はあるにしろ65歳以降の男性の多くは約20年、女性は約25年生きられます。引退してからは多くの高齢者は年金とそれまでに蓄えた資産によって生活することになります。しかし、20年も30年も年金だけで生活を維持するのは社会保障財政が持たないだけでなく、高齢者本人にとっても幸せとはいえないのではないでしょうか。

私の大学の同級生たちの多くは大企業のサラリーマンとなり、そこそこの地位に就いていましたが、65歳ごろには引退し始めました。そのあと自分でビジネスを始めたり、ボランティアとして活動している人もいますが、多くは悠々自適の生活をしており、図書館に行ったり、映画を見たり、展覧会に行ったりしています。まだまだ健康で一応の教養と職業経験、社会経験をもっています。しかし「頼まれたら仕事をやってもいいが自分から売り込むのは嫌だ」という態度だとなかなか声はかかりません。

高齢になると体が衰え介護が大きな課題といわれますが、75歳から79歳でも介護を必要とする人は14・1%、80〜84歳で30・1%にすぎません。74歳以下では5%にもみたない低い割合です。私の通勤の時間帯にも犬と散歩していたり、ジョギングしている60代とおぼしき紳士にたくさん出会います。みんなお元気です。

元気な高齢者の働き方改革を

この人たちに働いてもらうにはどうすればよいのでしょう。中小企業で働いてきた方や技術者は70代でも働ける間は働くという人が多いのですが、問題は大企業の事務系のサラリーマンです。

自分で中小企業の経理や在庫管理、マーケティングなどの仕事を見つけることのできる人はいいのですが、それができない高齢者が多いのが現実です。一方で世の中には人手不足で困っている職場は山ほどあります。介護の現場はもちろん、外食産業も、コンビニエンスストアもスーパーも人手不足で、営業時間を短縮しています。新聞の宅配も人手不足で維持できなくなりそうです。トラックやバスの運転手も人手不足で、地方へ行けば農業の担い手も足りません。

こうした職場は妻子を養うほどの高い給料は出ません。長時間労働やきつい肉体労働であることで嫌われています。それならそれを解消する仕組みを作ればよいのです。例えば介護現場でも、朝9時から午後3時までの6時間労働の子育て中の女性と、夕方3時から8時まで、あるいは午前6時から9時まで働く高齢者を組み合わせる。筋力補助具をつけて筋力を補うなどの工夫をすれば高齢でも働ける人は多いはずです。子育て中の男女に嫌われる土曜、日曜日だけ働く高齢者は、コンビニやスーパーで歓迎されるに違いありません。もちろん同一労働同一賃金です。女性の場合は孫の世話だけでなく、共働き家庭の家事手伝い、育児手伝いなどのニーズはたくさんあります。

悠々自適の老後生活は80歳以降

そして大事なのは、このように社会で必要とされる仕事に就いている高齢者に社会が敬意をもって対応することです。

「働かなければならない高齢者はかわいそうだ」「年をとってまで働くような立場にはなりたくない」などと言ったりせず、「働く高齢者は立派だ」「社会で必要とされているのはすばらしい」「働く高齢者は生き生きしている」とプラスイメージで見ることです。悠々自適の老後生活は80代以降までとっておいて、60代、70代は働くのが当たり前の社会になれば高齢者も社会も幸せになるのではないでしょうか。

運ではなく、努力で勝ちとるアメリカ人女性

アメリカでは女性が管理職の４割以上を占め、いろいろな分野で活躍しています。私は１９８０年と２００５年の２回、その女性たちにインタビューして、どのように仕事で成功したのか、仕事を続けていく上で一番大事なことは何か、どのように仕事と家庭を両立させてきたかといったことをたずね、日本の女性と比べる調査をしたことがあります。その答えは人によってさまざまでなかなか面白かったのですが、その一端を紹介しましょう。

自分の能力、目標を自分が信じる

例えば仕事と家庭との両立ですが、日本の場合は母親や姑に支えられたという女性

が多いのですが、アメリカの場合は人を雇って幼い子供の世話をしてもらったという人が多数を占めていました。宝石店を経営している女性は、「女性が仕事で成功するには家政婦が絶対必要です。女性は家政婦がいれば、家庭をもち子供をもち、何でもできます」と断言します。

アメリカは日本と違って有能なら若くても高い収入が得られます。移民労働者など安い給料で家事育児をしてくれる労働者がいるなどの事情が反映されています。

昔は、途上国は貧富の格差が大きいから、政府高官、企業幹部の女性は家事使用人を何人でも雇えるけれど、先進国の女性は何でも自分でしなければならないというのが常識でした。ヨーロッパは税金が高いので格差は少ないですが、アメリカは格差社会になってきていることが女性の活躍を支えています。もちろんたまにはハウスハズバンド（主夫）に家事育児をしてもらったという人もいますが、さすがにこれはとても少ない数です。

仕事で成功した理由としては、日本だったらたまたま運がよくてとか、周りの人に助けられたおかげですというのが決まり文句ですが、アメリカでは「自分が目標をもって努力したから」とか、「自分がスキルや経験を積んでいたから」とか、自信をもって述べる人が目立っていました。自分の能力、自分の目標を自分が信じていなくては誰も認めてくれないと言う女性もいました。

運を作るのも個人の努力と能力

ある女性はよきアドバイザーである夫から「決してたまたま運がよかったから成功したとは言うな。運を作るのも個人の努力と能力だ」と言われたそうです。アメリカは謙遜の通用しない社会だと改めて実感します。確かに彼女たちは努力しています。大学を出てから仕事を経験して、そこからもう一度ロースクールやビジネススクールに戻って資格を取っている女性もたくさんいます。取締役になっても毎朝5時に起きて仕事をしているという女性もいます。成功した女性はしっかり努力しているのです。

一番印象的なのは、何のために働いているかという問いに対する答えです。男性のようにお金を稼ぐのだ、権力を握るのを目指すという女性はほとんどいません。自分の収入にほぼ満足している。それより自らの成長を目指す、社会のために役立ちたい、と答える傾向が目立ちます。この点は日本の女性経営者とも似ています。だから女性の経営者は男性ほどには成功しないという批判もありますが。

私が会った女性たちは数が少ないのでこれが全体の傾向かどうかはわかりませんが、アメリカの一つの側面です。

幸福は仕事や職場の充実から

人は人生のいろいろな場面で幸福を感じますが、人生で大きな割合を占める仕事や職場が充実していることは重要です。

生活を維持するだけの水準の給料、解雇の心配がない、労働時間が適正である、健康を維持することができる、公平に能力や貢献が評価される、などの要素は幸せの要素として必要不可欠な条件ですが、それだけでは人間はなかなか満たされません。例えば仲間や上司との信頼関係がある、自分が成長していると実感できることなどが、幸福度に影響を与えます。心理的安定性のある職場は生産性が高いとされています。

健康、愛情、達成感の「非地位財」が大切

経済学者のロバート・フランクは他者との比較によって得られる財を地位財、それ自体に価値があり、喜びにつながる財を非地位財と分類しました。地位財は主にモノ・カネ・地位というような物的な財を指し、非地位財は健康、愛情、達成感などとしています。所得が多い、資産がある、広い家や車・ブランドファッションなどのような物的財は手に入れたときはもちろんうれしいですが、その幸福は長続きしません。すぐにそれは「当たり前」になり、もっと高い所得や資産を得ている人、すばらしい家に住んでいる人と比較してそれがほしくなります。しかし非地位財のほうは他人と比較しないので長続きするといわれます。人間はともすれば目に見えやすい地位財を求めてしまうのですが、本来幸福になるためには非地位財を得るように努力すべきだという彼の説に私も同感です。

職場での所得やポストは地位財で、信頼感、成長感、達成感、などは非地位財といえます。幸せな職場づくりには、組織がきちんと持続的な活動ができ、利益を上げて所得や地位の保全がなされ、昇進などの処遇が公正で納得できるものでなければなり

ません。また、健康を維持できるレベルの労働時間や安全な職場環境も必要なのはいうまでもありません。

しかしそれだけでは幸せな職場を作ることはできないのです。上司や仲間との信頼関係がある、仕事が社会（顧客）に役立っている、自分が有能で成果を上げるのに貢献している、仕事を通じて成長している、などと実感できることが重要です。自分の失敗や欠点も受けいれてもらえる、全体として安心して創意工夫が行われ働く従業員個人個人が幸せを感じている職場は、生産性も高く業績が上がっているという研究もたくさん行われています。

では具体的にどうすれば働く人たちの非地位財に対する満足度を上げることができるのでしょうか。

かつては、有能な経営者とは自分で目標を掲げそれを達成するために部下を将棋のコマのように使いこなし、成果を出すリーダーと考えられてきました。そのスタイルは目標が明らかで部下たちの経験や能力が十分でない場合には効果を発揮しますが、現在のように部下たちの教育水準が上がり、またビジネスをとりまく環境に不確定要素が多い時代には対応できなくなっています。

幸福には4因子がある

「幸福学」の研究者の前野（まえの）隆司（たかし）慶應義塾大学大学院教授は幸せには4因子があると提唱されています。第1因子は自己実現と成長、第2因子はつながりと感謝、第3因子は前向きと楽観、第4因子は独立とマイペースです。この4つの因子は、生まれつきで変えることのできないものではなく、環境や他からの働きかけや自分の自発的なトレーニングによって変えることができるそうです。ぜひ私たちも職場の幸福度を上げるために、従業員の裁量を増す権限委譲、上司との対話、チームメイトに対する感謝の表明などを通じてお互いをリスペクトし、職場の幸福度を増していく工夫が必要です。

「仕事を探す人」から「仕事を作る人」になる

２０１７年1月5日、日本老年学会と日本老年医学会は高齢者の定義を現行の65歳以上から75歳以上にするよう提言をしました。私は年齢の引き上げに賛成ですが、できれば80歳以上にするべきだと思っています。

日本人の平均寿命は２０２０年には男性81・41歳、女性87・45歳になりました。１９５６年に国連が高齢者を65歳以上と定義して以来65歳が国際基準とされていますが、この間日本人の寿命は20年近く伸びています。そして心強いことに、１９９０年代以降の高齢者の身体・知的能力、健康状態のデータを学会が分析したところ、この間に5～10歳ほど若返っているといいます。特に65歳から74歳は心身の健康が保たれ活発な社会活動が可能な人が多いため、75歳以上を高齢者とすることが望ましいというのが、学会の提言理由です。

もちろん健康状態、知的能力は個人差が大きく、年齢が高くなるほどその差は大きくなります。だから何歳以上を高齢者と定義すること自体が間違っているという意見もあります。しかし、たかが定義、されども定義です。自分では若いと思っていても65歳以上は高齢者として定年で退職し年金を支給されると、ついその気になってしまいます。75歳以上は後期高齢者と定義されると、引退するのが当然という気になってしまいます。高齢期は75歳からでそれまでは社会活動をするのが当たり前、という社会を作るにはどうすればよいのでしょうか。

高齢者の雇用を維持する

第一は働く場の確保です。今多くの企業は60歳定年を維持したまま、そのあと意欲と能力のある人に契約社員や嘱託として働いてもらっています。役職ははずれ、給料も大幅にダウンします。それでも慣れた仕事ができる高齢者は幸せだとされますが、ほとんどの企業は65歳で雇用を打ち切りにしています。何とかこれを75歳、せめて70

歳までに延長できないかと思っていましたが、２０２１年4月「高年齢者雇用安定法」が改正され、政府は70歳までの雇用を維持するよう企業に求めています。

日本は人口減少が始まり、これから労働力不足が深刻になっていきます。今でも人手不足のコンビニのレジや、外食産業の店員あるいは多くの中小企業では、年齢不問や「70歳以上可」の求人が現れています。介護施設、保育施設も家事代行も慢性的に人手不足です。こうした職業に高齢者がもっと就くにはどうすればよいでしょうか。

社会を支える人になるという気概

もちろん時給を正社員に近づける給与の改定は不可欠ですが、週3日労働、1日4〜6時間労働というように、高齢者の体力にふさわしく他の活動と両立できるような労働時間、拘束時間にすることが必要です。非正規雇用は若い人たちにとっては教育訓練が不足する、安定した収入が得られないなど問題のある働き方ですが、高齢者の場合は自由で弾力的な働き方ができるのはメリットです。非正規社員として雇用できるのは60歳以上というように法律で規制するという対策もあります。もちろん高齢者にとっても新しい職業に就くための研修や訓練をして、しっかり働くという選択肢もあります。

自分で起業するのもすばらしいチャレンジです。自分が社長になって（社員はいなくても）仕事を請け負う働き方もあります。

学習塾、スポーツや趣味の先生も良い働き方です。そのためには専門能力だけでなく営業能力も必要なので誰でもできるわけではありませんが、「仕事を探す人」から「仕事を作る人」になるのです。

いずれにしても65歳から80歳の若い高齢者が、社会から支えてもらう人でなく社会を支える人になるのだという気概、意欲をもってほしいものです。悠々自適は80歳以上になってからでも十分時間があります。

シニアには、若い人に見えないものが見える

「ハンズオン東京」というＮＰＯのイベントで考えさせられました。「働く、食べる、笑う」というテーマでしたが、障がいをもっている人たちが普通に働くことができる、普通に生活を楽しみ食べる、そして笑う社会を作ろうということです。

障がいはあってもいろんな才能をもっている人がいます。障がいはむしろ一つのVALUEで、健常者が気がつかないことがわかり、感じ、考えることができます。また健常者も一人ひとりがいろんなハンディをもっているのに気がついていないだけ、などと考えさせられる発言がたくさんありました。

翻って周囲を見てみると、高齢者も女性も問題の根っこは共通です。障がい者が千差万別でひとくくりにできないように、女性も高齢者もそれぞれが一人ひとり、それ

ぞれのハンディキャップと可能性をもっています。みんな気の毒な弱者、無理しなくてもいいよという善意のつもりの言葉が、多くの高齢者、女性、障がい者を傷つけています。支援してあげなければならない気の毒な高齢者がいるのは事実ですが、90歳を越えて活躍されている馬場あき子さんや佐藤愛子さんをもち出すまでもなく、若い人にはできない仕事をしている高齢者もたくさんいらっしゃいます。まさに個人差が大きいのです。

年をとって働かされるのはみじめなのか？

高齢者も女性も能力と意欲に応じて働くのが当たり前になるように、マインドセットを変えなければなりません。少なくとも、年をとっても働かされるのはみじめだ、子供がいるのに母親が働くのは申しわけないと思う気分を一掃しなければなりません。障がい者は障がい者らしく引っ込んでいろ、と言う人はパラリンピックで壮絶な戦いをするアスリートに何と言うのでしょう。

高齢者に対しても、もう年なんだからあまりがんばっていると老害だと言われるよ、おとなしくしていたらいい、という考え方はまだまだ根強いものがあります。特に大きな企業や役所では、年寄りがいい加減に席を譲らないと、若い人がポストに就けない、上が詰まってしまうという問題がありますので、高齢者は引っ込めということになります。しかし、組織にしがみつこうとするから席を譲ってくれと言われるのであって、自分で仕事を作り、自分の身の丈に合った仕事をしている分には誰からも文句はつけられません。

経験を積んできたからこそ、意欲的に

人からお給料をもらう生活と、自分で仕事を探し出し、自分で収入を確保しなければならない生活はまったく違います。若いうちからサラリーマン生活になじんでしまうと、毎月自分で収入を獲得する苦労を忘れてしまいがちです。ぜひ若いうちから自分のことは自分でする習慣を続ける、部下や妻が何でも面倒なことを処理してくれると思ったら大間違い。自分で何でもこまめにこなす覚悟をもたなければなりません。スキルや資格より意欲です。

障がい者の中にももう自分はダメだ、もう普通の生活はできないのだと落胆し意欲を失う人もいますが、まだできることがある、自分でなければわからないことがあると意欲をもち続ける人もいます。そうした障がい者の経験は、これからの長い人生を生きる人すべてにとって大いに参考になるのではないでしょうか。

女性もひと昔前は男性と同じ仕事はできない劣った存在だと考えられていましたが、男性と異なる能力価値をもっているからよいのだというように見方が変わってきています。高齢者は年を重ねているからこそ若い人に見えないものが見える、年を重ねたからこそ若い人にできないことができると思って、意欲的に生きる社会にしたいものです。

おわりに

知性というと鋭く研ぎ澄まされたメスのように現実を一刀両断に切り開くイメージをもっている人が多いのではないでしょうか。それが「やわらかい知性」となると、切れ味が鈍く、あいまいで知性とは遠くなるではないかと考える方が多いかもしれません。

私は日本のような成熟した社会に生きる人たちに必要なのは、是か非か白黒をつける鋭い知性ではなく、周囲の人と調和し、受け入れる、しかし誤った情報に惑わされない判断力をもち、一方に偏らない弾力的な心をもつ「やわらかい知性」ではないかと考えています。

情報化が進む社会では知識・情報を手に入れるのは容易になりました。情報があまりにも多すぎて取捨選択できず押し流されている人がたくさんいます。こういう時代になると知識をたくさんもっていることより、現実の生活で役に立つ経験に裏づけられた知恵が重要になってきます。さらに言えば具体的にすぐ役に立つ知恵ではなく物事の底に流れる法則や、人間という存在に関わる真理を悟るという智慧が重要になってきます。

「やわらかい知性」とはこうした智慧や悟りに通じる心の在り方ではないでしょうか。まだ明確に定義はされていませんが、この本の中でも繰り返し書いたとおり、これからの社会で必要なのは極端な価値観に凝り固まることではなく、別の視点をもつこともできる、こうでなくてはならないと決めつけるのではなく、別の価値観を理解する、受け入れることもできる柔軟さではないでしょうか。多様性（ダイバーシティ）の基本は受容です。

もう少し具体的に言えば、いつも「人に迷惑をかけてはいけない」と歯を食いしばってがんばり、一人で問題を抱え込むことと、「自分は助けてもらう権利がある」と周囲に援助を要求することの中間、できるだけ自分で解決しようとするが力がおよばないときは助けを求めるような、やわらかい心の在り方です。人と比べ劣等感と優越感にさいなまれるのではなく、等身大の自信をもち、人の成功を受け入れ、人の困難な状況に共感できるやわらかい心の在り方です。

いつもどこかの集団、組織、グループに所属して安心感を得るのを求めるだけでなく、一人でいる状態も受け入れ楽しむやわらかな心のもちようです。

自分の長所や強みを振り回すばかりではなく、自分の失敗や欠点にこだわりくよくよし続けることでもない中間の心の在りようです。

自分の与えたことは覚えていても受けた恩は忘れてしまいがちな日常の中で、人から受けた支えや助けを思い出すやわらかさをもつことです。

これから多くの人が年を重ねていく中で、こうしたやわらかい知性を身に着けることを目指してはどうかと思います。60歳になろうが、70歳になろうが「自分は変われない」「これでよいのだ」と自分の現状に満足してしまうのではなく、より良い水準を目指す、その目標の一つが「やわらかい知性」をもつことではないかと思います。

この本には私が人生で感じたいろいろな見方や価値観と、そのときどきの社会現象に対する意見を書き綴っています。それが間接的にやわらかい知性を得ることにつながると期待しております。

この本の作成は、それぞれ多様な珠や石を糸に通して、一つのネックレスをつくるような作業でした。たくさんの媒体で発表したさまざまな見方を集め整理し、さらにそこから新しい視点が浮かんでくる楽しさを実感しました。

すっかりお手数をかけた河出書房新社の太田美穂様、そしていつも支えてくださるスーパーセクレタリーの川崎由香里さんに心から感謝申し上げます。

２０２１年　秋

坂東眞理子

＊本書は左記の連載作品を大幅に加筆・修正の上、収録しました。

「ヴァーナリスタ」――二〇一七年一・二月号〜二〇二〇年六・七月号
「楽しいわが家」――一九九九年五月号〜二〇一八年一二月号
「北國新聞」――二〇一〇年一月一八日〜二〇二〇年一月一三日
「信濃毎日新聞」――二〇一五年六月二八日〜二〇一八年二月四日

河出新書 042

やわらかい知性（ちせい）

二〇二一年一二月二〇日 初版印刷
二〇二一年一二月三〇日 初版発行

著者 坂東眞理子（ばんどうまりこ）

発行者 小野寺優

発行所 株式会社河出書房新社
〒一五一-〇〇五一 東京都渋谷区千駄ヶ谷二-三二-二
電話 〇三-三四〇四-一二〇一［営業］／〇三-三四〇四-八六一一［編集］
https://www.kawade.co.jp/

マーク tupera tupera

装幀 木庭貴信（オクターヴ）

印刷・製本 中央精版印刷株式会社

Printed in Japan ISBN978-4-309-63144-8

不機嫌のトリセツ

黒川伊保子
Kurokawa Ihoko

家族間のイライラ、男女間のムカムカ、
職場でのモヤモヤ、コロナ禍でギスギス……
今という時代を機嫌よく生きるための
究極のトリセツ誕生！
人間関係の悩みをすべて解決！
著者集大成の「不機嫌退散レシピ」

ISBN978-4-309-63130-1

河出新書
028